Curriculum 1

W0384242

Die Lernhilfe zum *Cursus*

Lektionen 1–20

Herausgegeben
von Prof. Dr. Friedrich Maier
und Dr. Stephan Brenner

Verfasst
von Werner Thiel und Andrea Wilhelm

Oldenbourg
C. C. Buchner
Lindauer

Das Papier ist aus chlorfrei gebleichtem Zellstoff hergestellt,
ist säurefrei und recyclingfähig.

© 2009 Oldenbourg Schulbuchverlag GmbH, München
www.oldenbourg-bsv.de
C.C. Buchners Verlag, Bamberg
www.ccbuchner.de

Das Werk und seine Teile sind urheberrechtlich geschützt. Jede Nutzung in anderen als den gesetzlich zugelassenen Fällen bedarf der vorherigen schriftlichen Einwilligung des Verlages. Hinweis zu § 52 a UrhG: Weder das Werk noch seine Teile dürfen ohne eine solche Einwilligung eingescannt und in ein Netzwerk eingestellt werden.
Dies gilt auch für Intranets von Schulen und sonstigen Bildungseinrichtungen.

1. Auflage 2009
Druck 16 15 14 13 12
Die letzte Zahl bezeichnet das Jahr des Drucks.

Alle Drucke dieser Auflage sind untereinander unverändert
und im Unterricht nebeneinander verwendbar.

Umschlagkonzept: Mendell & Oberer, München
Umschlagfotos (von re. n. li.): Scala, Florenz; Deutsches Museum, München; Archiv für Kunst und Geschichte, Berlin; Scala, Florenz; Archiv für Kunst und Geschichte, Berlin.
Lektorat: Jana de Blank
Herstellung: Eva Fink
Illustration: Gisela Vogel, München
Satz und Reproduktion: artesmedia GmbH, München
Druck: Himmmer AG, Augsburg

ISBN 978-3-637-00764-2 (Oldenbourg Schulbuchverlag)
978-3-7661-**5347**-0 (C. C. Buchners Verlag)
978-3-87488-**764**-9 (J. Lindauer Verlag)

Liebe Schülerin, lieber Schüler,

Curriculum – Die Lernhilfe zum Cursus ist dein **Trainingsheft für lateinische Grammatik und für Übersetzung**. Es unterstützt dich dabei, Unterrichtsstoff, den du z. B. nicht gut verstanden oder versäumt hast, aufzuarbeiten, zu üben und durch Wiederholen zu sichern.

Curriculum 1 hat 20 Kapitel, die zu den Lektionen 1 bis 20 des Lateinwerks *Cursus* passen. Jedes Kapitel umfasst vier Seiten: eine **Informationsseite (Info)** und drei **Trainingsseiten (Training)**.

Auf der **Informationsseite**, erfährst du, welche Kompetenzen du in diesem Kapitel trainieren kannst:

- Bei V geht es um die Verben,
- bei N um die Nomen und
- bei S um Satzbau-Themen.

Nach dieser Übersicht folgt der Grammatikstoff der Lektion im Überblick. Er ist nach den genannten Kompetenzen gegliedert.

Auf den folgenden drei **Trainingsseiten**, findest du viele Übungen zum Grammatikstoff der jeweiligen Lektion.
Auch diese Seiten sind nach den Kompetenzen gegliedert: In Übung V1 kannst du z. B. das trainieren, was unter V1 auf der Informationsseite dargestellt ist.

Am Anfang der ersten Trainingsseite steht immer ein kurzer **„Vokabel-Check“** (WS = Wortschatz).
Hier trägst du die deutschen Bedeutungen der Wörter ein – als Vorbereitung für die folgenden Übungen.
Wenn du bei einer Vokabelbedeutung nicht sicher bist, schlage sie nach.

Nach den Kapiteln 4, 8, 12 und 16 findest du jeweils eine **Doppelseite zum Übersetzungstraining**.
Hier bekommst du Tipps und lernst Strategien kennen, mit denen du lateinische Sätze und Texte besser übersetzen kannst.

Am Ende von *Curriculum* sind die **Lösungen** abgedruckt. Dort überprüfst du deine Ergebnisse oder holst dir Rat zum Weiterarbeiten. Die Ergebnisse des Vokabel-Checks kannst du auf den letzten Seiten der Lösungen überprüfen, dort sind alle Vokabeln alphabetisch aufgelistet.

Am Ende des Heftes findest du außerdem eine **Übersicht über die Begriffe der Grammatik** mit kurzen Erklärungen. Wenn du ausführlichere Erläuterungen zur Grammatik brauchst, dann sieh in deiner *Cursus*-Begleitgrammatik nach.

Curriculum orientiert sich zwar an der Grammatikabfolge des *Cursus*, kann aber auch ohne dieses Lateinbuch verwendet werden: Die **Übersicht über die Kompetenzen** auf S. 111–112 zeigt, was in welchem Kapitel trainiert wird. So kannst du auch gezielt einzelne Kapitel zum Üben auswählen.

Wir wünschen dir **viel Erfolg** mit *Curriculum*!

Verfasser, Herausgeber und Verlag

V1 die 3. Person Singular der Verben **erkennen**

V2 die 3. Person Singular der Verben **bilden**

N1 die Grundform der Substantive, den Nominativ Singular, **erkennen**

N2 das Genus (Geschlecht) eines Substantivs **erkennen**

S1 die Grundbestandteile eines Satzes **benennen**

V1

Die 3. Person Singular eines Verbs erkennst du an dem Person-Zeichen **-t**.

clama**t** – **er**, **sie**, **es** schreit — tace**t** – **er**, **sie**, **es** schweigt
audi**t** – **er**, **sie**, **es** hört — es**t** – **er**, **sie**, **es** ist

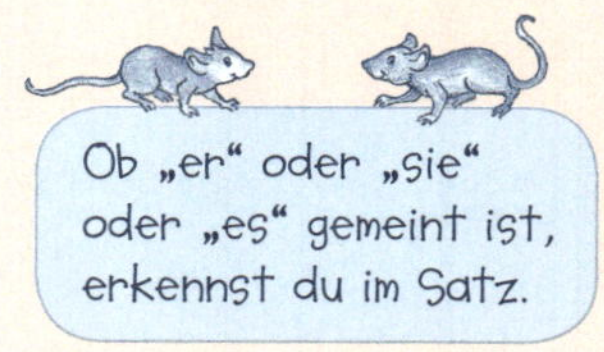

Bei einer lateinischen Verbform ist „alles in einem Wort".
Im Deutschen brauchen wir zwei Wörter dafür, weil wir die Person durch ein eigenes Wort ausdrücken.

V2

Die Verbform ist aus dem Präsensstamm und dem Person-Zeichen zusammengesetzt.

Infinitiv	Präsensstamm	+ Person-Zeichen
clamare	clama	t
tacere	tace	t
audire	audi	t

N1

Die Grundform der Substantive ist der Nominativ Singular. So kann er enden:

- us	**- a**	**- um**

N2

An den Endungen der Substantive erkennst du das Genus (Geschlecht).
Im Deutschen drücken wir das Genus durch den Artikel aus.
Im Lateinischen gibt es keine Artikel.

maskulinum (männlich/**m**)	**femininum** (weiblich/**f**)	**neutrum** (sächlich/**n**)
-us: asinus – **der** Esel	**-a**: amica – **die** Freundin	**-um**: silentium – **das** Schweigen, **die** Ruhe

Das Genus kann in verschiedenen Sprachen anders sein: **silentium** – **die** Ruhe; **villa** – **das** Haus

S1

Die Grundbestandteile des Satzes sind – wie im Deutschen – Subjekt und Prädikat.

Asinus	clamat.
Subjekt	**Prädikat**
Wer schreit?	*Was tut der Esel?*
Der Esel	schreit.

LATEIN			DEUTSCH
	Das Prädikat steht		
	meistens am Ende des Satzes: Asinus non iam **clamat**.	in einem Hauptsatz an zweiter Position: Der Esel **schreit** nicht mehr.	
	Das Subjekt		
	kann im Prädikat „drinstecken": Nunc tacet.	wird durch Personal-Pronomen ausgedrückt: Nun schweigt **er**.	

WS

venire ______ ______

sol ______ ______

clamare ______ ______

etiam ______ ______

iacere ______ ______

asinus ______ ______

tacere ______ ______

silentium ______ ______

exspectare ______ ______

stare ______ ______

V1

a An welchem Zeichen erkennst du die 3. Person Singular? [ ]

b Unterstreiche alle Verbformen in der 3. Person Singular. Du findest acht.

exspectare – ardet – asinus – tacet – cur – cessare – silentium – clamat – iacere – non iam – subito – stat – sol – est – canis – stare – et – placet – ubi – villa – esse – iacet – venit – quis

c Suche die lateinische Übersetzung der Verbform aus dem Kasten heraus und schreibe sie neben die deutschen Formen.

canis – stat – et – villa – placet – ubi – esse – tacet – venit – asinus – sol – tacere – cur – cessat – silentium – clamat – iacet – subito – exspectat – stare

er schweigt ______

es gefällt ______

sie kommt ______

sie steht ______

sie schreit ______

er erwartet ______

er zögert ______

es liegt da ______

V2

a Welche Buchstaben musst du beim Infinitiv wegnehmen, um den Präsensstamm zu erhalten? [ ]

b Leite aus dem Infinitiv den Präsensstamm ab und schreibe ihn auf.

Infinitiv	Präsensstamm	Infinitiv	Präsensstamm
tacere	*tace*	clamare	
exspectare		iacere	
venire		ardere	
placere		stare	

c Aus welchen beiden Teilen ist die Verbform der 3. Person Singular (Präsens) zusammengesetzt?

Auf jeder Linie muss ein Buchstabe stehen.

aus dem P_ _ _ _ _ _ _ s_ _ _ _ _

und dem P_ _ _ _ _ _ – Z_ _ _ _ _ _ _

d Trage die deutsche Bedeutung des Infinitivs, die 3. Person Singular und ihre Übersetzung ein.

Infinitiv	Bedeutung	3. Person Singular: Präsensstamm +t	Übersetzung
tacere	*schweigen*	*tacet*	*er/sie/es schweigt*
ardere			
exspectare			
venire			
stare			
placere			
clamare			
esse			

N1 a Eins der beiden Wörter in jedem Wortpaar ist ein Substantiv. Streiche das andere Wort durch.

asinus – etiam   amica – ecce   stare – sol

subito – villa   silentium – ubi   canis – tacet

b Kreise alle Substantive ein.
Markiere die Endsilbe der Substantive farbig: ☐ -us ☐ -a ☐ -um

asinus	clamat	subito	amica	ubi	stare
esse	silentium	etiam	cur	villa	quid

N2 a Ordne die lateinischen Substantiv-Endungen den drei Genera (Geschlechtern) zu.

maskulinum	
femininum	
neutrum	

-a   -um   -us

b Sortiere die Substantive nach ihrem Genus (Geschlecht).
Schreibe die deutsche Bedeutung mit Artikel dazu.

sol – silentium – villa – canis – asinus – amica

maskulinum	femininum	neutrum
sol – die Sonne		
		//////
	//////	//////

c Beantworte: Woran erkennt man im Deutschen das Genus (Geschlecht) eines Substantivs?

Das Genus erkennt man im Deutschen am ____________________

____

Warum muss man bei lateinischen Substantiven auf ihre Endung achten oder das Genus mitlernen?

Weil ____

____

S1

a Wähle das Wort aus der Klammer aus, das als Subjekt in den Satz passt.

1. ____________________ non iam clamat. (tacere – asinus – etiam)
2. Cur ____________________ tacet? (amica – cessat – esse)
3. ____________________ non placet. (est – ubi – silentium)

b Unterstreiche in den Sätzen die Prädikate.

1. Amica exspectat. Canis non venit.
2. Exspectare non placet.
3. Clamat: „Ubi est canis?
4. Cur venire cessat?"

c Übersetze die Sätze aus **b**. Unterstreiche im Deutschen die Prädikate.

1. ____
2. ____
3. ____
4. ____

V1 die 3. Person Plural der Verben **erkennen**
V2 die 3. Person Singular und Plural der Verben **bilden**
N1 den Nominativ Plural der Substantive **erkennen**
N2 den Nominativ Plural der Substantive **bilden**
N3 den Vokativ erkennen und seine Funktion **erklären**

V1 Die 3. Person Plural erkennst du an dem Person-Zeichen **-nt**.

clama**nt** – **sie** schreien tace**nt** – **sie** schweigen
audiu**nt** – **sie** hören su**nt** – **sie** sind

V2 Die 3. Pers. Plural ist aus Präsensstamm und Person-Zeichen zusammengesetzt.
Bei Verben mit Präsensstamm auf -i kommt der Sprechvokal *-u-* dazwischen:

Präsensstamm	+ Sprechvokal	+ Person-Zeichen
clama		nt
tace		nt
audi	*u*	nt

N1 Den Nominativ Plural der Substantive erkennst du an diesen Endungen:

Singular	-us	-a	-um
Plural	-i	-ae	-a

N2 Der Nominativ Plural ist aus dem Wortstamm des Substantivs und der Plural-Endung zusammengesetzt.

Singular	asin**us**	vill**a**	don**um**
Wortstamm	asin-	vill-	don-
Plural	asini	villae	dona

N3 Im Lateinischen gibt es einen besonderen Kasus (Fall), wenn jemand angesprochen wird.
Dieser Kasus heißt **Vokativ**.

Bei den meisten Wörtern sieht er genau so aus wie der Nominativ:

Salve, Flavia! – Hallo, Flavia!
Salvete, amici! – Hallo, Freunde!

Bei folgenden Wörtern hat der Vokativ Singular eine eigene Endung:

Wörter auf	Beispiel	Vokativ Singular: Endung	Vokativ Singular: Beispiel
-us:	Quintus	**-e**	Salve, Quinte! – Hallo, Quintus!
-ius:	Lucius	**-i**	Salve, Luci! – Hallo, Lucius!

WS

equus	__________	apparere	__________
ridere	__________	donum	__________
silentium	__________	salutare	__________
gaudere	__________	esse	__________
serva	__________	appropinquare	__________

V1 Trage ein, woran du die 3. Person Singular und Plural einer Verbform erkennen kannst. Sortiere dann die Verbformen nach Singular und Plural und übersetze sie.

3. Person Singular, zu erkennen an diesem Person-Zeichen: ☐	3. Person Plural, zu erkennen an diesem Person-Zeichen: ☐
venit	
er/sie/es	*sie*

clamant
~~venit~~
gaudent
exspectat
est
veniunt
sunt
apparet

V2 **a** Leite aus dem Infinitiv den Präsensstamm ab. Bilde dann die 3. Person Plural. Beim Verb mit Präsensstamm auf -i musst du noch den Sprechvokal *-u-* einfügen.

Infinitiv	Präsensstamm		3. Person Plural
tacere	*tace*	→	*tacent*
salutare		→	
ridere		→	
venire		→	
stare		→	

b Die Formen von esse sind unregelmäßig.

3. Person Singular: er/sie/es ist → __________ 3. Person Plural: sie sind → __________

N1

a Fünf der folgenden Substantivformen sind Pluralformen. Unterstreiche sie.

villa – amicae – equi – silentium – dona – familia – asini – matronae – servus

b Hier stehen Substantivformen, Verbformen und andere Wörter durcheinander.
Unterstreiche nur die fünf Pluralformen der Substantive.

ibi – apportat – amica – rident – servi – familia – tum – equi – apportant – atque – dona – iam – procul – apparet – asinus – villae – silentium – sunt – canis – salutant – servae – sol – equus

c Ordne die Pluralformen ihren Singularformen richtig zu.

Nominativ Singular	Nominativ Plural	Nominativ Singular	Nominativ Plural
amicus		amica	
servus		serva	

servi – amicae – amici – servae

N2

a Markiere bei den Substantiven, die in der folgenden Tabelle im Nominativ Singular stehen, ihre typischen Endungen in drei verschiedenen Farben deiner Wahl:

maskulinum ☐ femininum ☐ neutrum ☐

-ae -i -a

Trage dann den Wortstamm ein und bilde den Plural der Substantive.

Nominativ Singular	Wortstamm	Nominativ Plural
asinus	*asin-*	*asini*
serva		
silentium		
villa		
equus		
donum		
amica		
servus		

b Trage die lateinischen Übersetzungen in das Kreuzworträtsel ein.

1. die Geschenke
2. sie steht
3. es liegt
4. die Esel
5. sie lachen
6. sie tragen herbei
7. er erscheint
8. er freut sich
9. die Familie
10. sie begrüßt
11. das Schweigen
12. sie nähern sich
13. der Sklave
14. sie kommen
15. das Pferd
16. die Sklavinnen
17. die Freunde
18. die Frau

N3

a Bei welchen Wörtern hat der Vokativ Singular eine eigene Endung?

Bei Wörtern auf -___ ___ und Wörtern auf -___ ___ ___

b Unterstreiche das Wort im Vokativ und übersetze.

Salve, amica! ______________________________ Salve, Quinte! ______________________________

Salve, Flavia! ______________________________ Salvete, amici! ______________________________

Salve, serve! ______________________________ Salvete, matronae! ______________________________

c Begrüße auf Lateinisch:
1. die Freundinnen, 2. den Freund, 3. Caecilia, 4. Marcus, 5. die Familie, 6. die Sklaven

1. ______________________________ 4. ______________________________

2. ______________________________ 5. ______________________________

3. ______________________________ 6. ______________________________

V1 Verben ihrer Konjugation (a-Konj., e-Konj., -i-Konj.) **zuordnen**
V2 an den Person-Zeichen die Person eines Verbs **erkennen**
V3 ein Verb **konjugieren** (1., 2., 3. Person Singular und Plural Präsens bilden)
N1 die Substantive den Deklinationen **zuordnen**
N2 den Akkusativ Singular und Plural **erkennen**
N3 den Akkusativ Singular und Plural **bilden**

V1 Die Verben werden in verschiedene Gruppen eingeteilt, die Konjugationen.
Zu welcher Konjugation ein Verb gehört, erkennst du an seinem Präsensstamm.

Infinitiv		Präsensstamm	Konjugation
clamare	*-re weg-*	clama-	a-Konjugation
tacere	*nehmen*	tace-	e-Konjugation
venire	→	veni-	i-Konjugation

V2 Die Person-Zeichen lauten:

1. Pers. Sg.	2. Pers. Sg.	3. Pers. Sg.	1. Pers. Pl.	2. Pers. Pl.	3. Pers. Pl.
- **o**	- **s**	- **t**	- **mus**	- **tis**	- **nt**
ich …	du …	er/sie/es	wir …	ihr …	sie …

V3 Die Verbformen bestehen aus Präsensstamm + Person-Zeichen:
clama + **mus** = clama**mus**

	a-Konj.	e-Konj.	i-Konj.	esse
Infinitiv	clamare	ridere	venire	esse
1.Sg.	clam**o**	ride**o**	veni**o**	su**m**
2.Sg.	clama**s**	ride**s**	veni**s**	e**s**
3.Sg.	clama**t**	ride**t**	veni**t**	es**t**
1.Pl.	clama**mus**	ride**mus**	veni**mus**	su**mus**
2.Pl.	clama**tis**	ride**tis**	veni**tis**	es**tis**
3.Pl.	clama**nt**	ride**nt**	veni*u***nt**	su**nt**

Merkspruch:
Nach
O S T
MUSs
TISe (diese)
ENTe

Bei der 1. Pers. Sg. der a-Konjugation fehlt das „a“: clama+o → clamo
In der 3. Pers. Pl. der i-Konjugation steht der Sprechvokal „u“ vor dem Person-Zeichen: veni + u + nt → veniunt

N1 Auch die Substantive werden in Gruppen eingeteilt, die **Deklinationen**.

	a-Deklination	o-Deklination	
	femininum	maskulinum	neutrum
Nom. Sg. endet auf	**-a** → villa	**-us** → amicus	**-um** → do-

N2 Den **Akkusativ** *(Wen …? Was … ?)* erkennt man an folgenden Endungen:

	a-Deklination	o-Deklination	
	femininum	maskulinum	neutrum
Singular	**-am**	**-um**	**-um**
Plural	**-as**	**-os**	**-a**

Im Neutrum sind Nominativ und Akkusativ immer gleich!

N3 Der Akkusativ wird aus dem Stamm und der Kasus-Endung gebildet:
amic+um = amicum   vill+as = villas   don+a = dona

WS

audire	______	periculum	______
lacrima	______	parere	______
respondere	______	tenere	______
donum	______	rogare	______
iubere	______	navigare	______

V1

a Ergänze die fehlenden Buchstaben. Zu welcher Konjugation ein Verb gehört, erkennt man

am P_ __ __ __ __ __ __ s __ __ __ __

b Du kennst drei Konjugationen. Nenne sie.

______ - Konjugation

______ - Konjugation

______ - Konjugation

c Ermittle den Präsensstamm folgender Verben und trage die Konjugation ein:

	Präsensstamm	Konjugation
tacere		- Konjugation
apportare		- Konjugation
apparere		- Konjugation
audire		- Konjugation
parare		- Konjugation
debere		- Konjugation

V2

a Trage die Person-Zeichen ein.

1. Pers. Sg.	2. Pers. Sg.	3. Pers. Sg.	1. Pers. Pl.	2. Pers. Pl.	3. Pers. Pl.

b Ordne die deutschen Personal-Pronomina den Person-Zeichen zu.

-mus: wir -nt: ______ -t: ______

-s: ______ -tis: ______ -o: ______

V3

a Ergänze die fehlenden Buchstaben.

Eine Verbform im Präsens besteht aus

P _ _ _ _ _ _ S _ _ _ _ _ +

P _ _ _ _ _ – Z _ _ _ _ _ _.

b Bilde die 1. Person Singular der a-Konjugation. Denke daran, dass der Kennvokal -a mit dem Person-Zeichen zu „o" verschmilzt.

clamare: ____________________ properare: ____________________

rogare: ____________________ administrare: ____________________

c Bilde die 3. Person Plural der i-Konjugation.

venire: ____________________

audire: ____________________

d Konjugiere die Verben.

	a-Konj.	e-Konj.	i-Konj.	esse
Infinitiv	rogare	tenere	audire	esse
1.Sg.				
2.Sg.				
3.Sg.				
1.Pl.				
2.Pl.				
3.Pl.				

e Übersetze die Verbformen ins Lateinische. Ein Linienstrich entspricht einem Buchstaben.

sie liegen: _ _ _ _ _ _ ihr beeilt euch: _ _ _ _ _ _ _ _ _ _

er hört: _ _ _ _ _ ich trage herbei: _ _ _ _ _ _ _

du befiehlst: _ _ _ _ _ ich gehorche: _ _ _ _ _

sie kommen: _ _ _ _ _ _ _ er fragt: _ _ _ _ _

du segelst: _ _ _ _ _ _ _ sie antwortet: _ _ _ _ _ _ _ _ _

N1

a Ordne die Substantive ihrer Deklination zu.

amica – equus – silentium – servus – donum – amicus – insula – periculum – lacrima

a-Deklination	o-Deklination	
femininum	maskulinum	neutrum

b Trage Lernform und Deklination ein und bestimme das Substantiv: Singular oder Plural?

	Lernform	Deklination	Bestimmung
amica	*amica*	*a-Deklination*	*Nom. Sg.*
dona	*donum*	*o-Deklination*	*Nom. / Akk. Pl.*
lacrima			
pericula			
familia			

N2

a Unterstreiche Akkusativ Singular (5 Formen) einfach, Akkusativ Plural (6 Formen) doppelt.

villam – amica – asinos – matronas – dona – equus – amicum – donum – silentium – lacrimas – nuntius – provinica – pericula – equum – amicos

b Stehen die unterstrichenen Substantive im Nom. Sg., Nom. Pl. oder Akk. Pl.? Kreuze die richtige Frage und die richtige Bestimmung an.

1. Hic villa stat.
2. Amicus pericula non timet.
3. Ubi sunt dona?
4. Iam dona apporto.

Frage: *Wer/Was?*	Frage: *Wen/Was?*	Nom. Sg.	Nom. Pl.	Akk. Pl.

N3

Bilde Akkusativ Sg. und Akkusativ Pl. der folgenden Wörter.

	amicus	insula	periculum	equus
Akk. Sg.				
Akk. Pl.				

N1 die Substantive ihren Deklinationen **zuordnen**

N2 Nom. Plur., Akk. Sg. und Pl. der Konsonantischen Deklination **erkennen**

N3 Genitiv Singular und Plural **erkennen**

N4 den Wortstamm eines Substantivs **erkennen**

N5 Genitiv Singular und Plural **bilden**

N6 Nom., Gen., Akk. Sg. und Pl. der a-, o- und Kons. Deklination **bilden**

N1 a-Deklination: Ihre Substantive enden im Nom Sg. auf -a.
o-Deklination: Ihre Substantive enden in Nom. Sg. auf -us (mask.) und -um (neutr.).
Alle anderen dir bekannten Substantive, die im Nom. Sg. keine dieser Endungen haben, gehören zur Konsonantischen Deklination.

	a-Deklination	o-Deklination		Kons. Deklination
	femininum	maskulinum	neutrum	
Nom. Sg.	**-a**	**-us**	**-um**	***(verschieden)***
	villa	amicus	donum	canis, consul, homo

N2 Auch in der Konsonantischen Deklination haben Nom. Pl. und Akk. Sg. und Pl. eigene Endungen.

	Singular	Plural
Nom.	consul	consules
Akk.	consulem	consules

N3 Den Genitiv erkennt man an folgenden Endungen:

	a-Deklination	o-Deklination		Kons. Deklination
	femininum	maskulinum	neutrum	
Singular	**-ae**	**-i**	**-i**	**-is**
Plural	**-arum**	**-orum**	**-orum**	**-um**

N4 Den Wortstamm eines Substantivs erhältst du, wenn du vom Genitiv Singular die Genitiv-Endung wegnimmst.

Nom. Sg.	Gen. Sg.	Wortstamm
villa	villae	**vill-**
asinus	asini	**asin-**
donum	doni	**don-**
consul	consulis	**consul-**

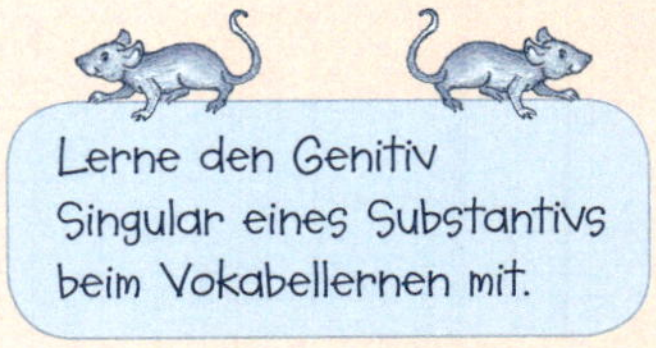

N5 Die Genitivform wird aus dem Wortstamm und der Kasus-Endung gebildet:
Sg.: amic+i = amici Pl.: consul+um = consulum

N6 Übersicht über die Kasus der Deklinationen:

	a-Dekl.		o-Dekl. mask.		o-Dekl. neutr.		Kons. Dekl.	
	Sg.	*Pl.*	*Sg.*	*Pl.*	*Sg.*	*Pl.*	*Sg.*	*Pl.*
Nom.	villa	villae	asinus	asini	donum	dona	consul	consules
Gen.	villae	villarum	asini	asinorum	doni	donorum	consulis	consulum
Akk.	villam	villas	asinum	asinos	donum	dona	consulem	consules

WS

clamor	____________	regina	____________
nuntius	____________	homo	____________
verbum	____________	eques	____________
lacrima	____________	dea	____________
amor	____________	equus	____________

N 1

a Du kennst drei Deklinationen. Trage ihre Bezeichnungen in die obere Zeile ein.

________-Deklination	________-Deklination		________-Deklination
	maskulinum	neutrum	

b Ordne die Substantive in die Spalte ihrer Deklination ein. Für jede Deklination findest du drei.

equus – consul – signum – homo – avus – villa – eques –
regina – simulacrum – populus – lacrima – verbum

N 2

Unterstreiche alle sechs Substantive, die zur Konsonantischen Deklination gehören.

lacrimas – doni – amorem – verbum – canes – clamorem – equi –
imperator – deos – amicae – sol – amici – simulacra – homines

N 3

a Schreibe regina, equus, signum und consul im Genitiv Singular und Plural auf.

	a-Deklination	o-Deklination		Kons. Deklination
	femininum	maskulinum	neutrum	
Genitiv Singular				
Genitiv Plural				

b Suche aus den Formen in der mittleren Spalte die Genitive heraus und trage sie richtig ein.

Gen. Sg.:		Gen. Pl.:
	amicas – deae – populi – donum – equorum – canum – provinciarum – signa – avus – villam – nuntii – amoris – hominum – asinum	

N4 a Trage den Genitiv Singular in die Tabelle ein und leite daraus den Stamm des Substantivs ab.

Nominativ Singular	Genitiv Singular		Stamm
amica	amicae	→	amic-
periculum		→	
imperator		→	
verbum		→	
nuntius		→	
amicus		→	
homo		→	

b Wie lautet der Nominativ Singular zu diesen Stämmen?

	Nom. Sg.		Nom. Sg.
popul-	______	spectacul-	______
insul-	______	can-	______
senator-	______	asin-	______
equ-	______	homin-	______

N5 Nenne den Stamm der Wörter und setze die Substantive in den Genitiv Singular und Plural.

Nom. Sg.	Stamm	Genitiv Singular	Genitiv Plural
serva	serv-	servae	servarum
equus			
donum			
senator			
eques			
periculum			
regina			

N 6 a Ergänze die fehlenden Formen.

	Sg.	Pl.
Nom.		
Gen.		populorum
Akk.		

	Sg.	Pl.
Nom.		
Gen.	signi	
Akk.		

	Sg.	Pl.
Nom.	consul	
Gen.		
Akk.		

	Sg.	Pl.
Nom.		
Gen.		
Akk.		villas

	Sg.	Pl.
Nom.		
Gen.		
Akk.	hominem	

	Sg.	Pl.
Nom.		deae
Gen.		
Akk.		

b Trage ein, zu welcher Deklination das Substantiv gehört, und bestimme seine Form, indem du den richtigen Kasus (Nom., Gen., Akk.) und den richtigen Numerus (Sg., Pl.) einkreist.

	Deklination	Bestimmung von Kasus			und	Numerus	
amicos	o-Dekl. (m.)	Nom.	Gen.	Akk. (eingekreist)		Sg.	Pl. (eingekreist)
imperatoris		Nom.	Gen.	Akk.		Sg.	Pl.
populorum		Nom.	Gen.	Akk.		Sg.	Pl.
clamorem		Nom.	Gen.	Akk.		Sg.	Pl.
homines		Nom.	Gen.	Akk.		Sg.	Pl.
regina		Nom.	Gen.	Akk.		Sg.	Pl.
periculum		Nom.	Gen.	Akk.		Sg.	Pl.
equitis		Nom.	Gen.	Akk.		Sg.	Pl.
verba		Nom.	Gen.	Akk.		Sg.	Pl.

Ü1 Die lateinischen Substantive haben keinen **Artikel**.
Man muss aus dem Zusammenhang wissen, ob in der deutschen Übersetzung der bestimmte Artikel (*der, die, das*), der unbestimmte (*ein, eine, ein*) oder gar kein Artikel passt.

Galla serva est.	Galla ist eine Sklavin.
Flavia: „Cur non venis, serva?“	Flavia: „Warum kommst du nicht, Sklavin?“
Serva non paret.	Die Sklavin gehorcht nicht.

1. Procul eques apparet. Quis est? ______

2. Amica donum apportat. Amicus gaudet. ______

3. Servi parere debent. ______

Ü2 Die **Person** wird im Lateinischen durch das Person-Zeichen am Ende der Verbform ausgedrückt.

Tacet. – Er/Sie/Es schweigt.
Rident. – Sie lachen.

1. Ibi Quintus sedet. Exspectat. – ______

2. Cur servi cessant? Cur non veniunt? – ______

3. Flavia appropinquat. Quid apportat? – ______

4. Equus venit. Paret. – ______

Ü3 Die Stellung der Wörter im lateinischen Satz ist frei.
Man muss daher auf die Formen und nicht auf die Reihenfolge der Wörter achten.

Den Kasus eines Substantivs erkennst du an seiner Endung.

Consulem imperator salutat, senatores non salutat.	Der Kaiser begrüßt den Konsul, die Senatoren begrüßt er nicht.

1. Nunc equites equos incitant. – ______

2. Clamorem asini matrona audit. – ______

3. Canes videt, equos videt, sed asinum non videt. – ______

Ü4 Bei vielen kurzen Sätzen reicht es, die Bedeutung der Vokabeln zu kennen und auf die Formen zu achten. Beim Übersetzen etwas längerer Sätze aber braucht man außerdem die **S**atz-**Ü**bersetzungs-**S**trategie, die **SÜS**.

Tandem homines simulacra deorum vident.

1. Suche das **Prädikat** und übersetze es.
2. Suche das **Subjekt**: Ist es genannt (immer im Nominativ) oder ist es im Prädikat enthalten (im Person-Zeichen)? Übersetze es.
3. Überlege: Welche weiteren Fragen und **Ergänzungen** ergeben sich von Subjekt und Prädikat aus?
4. Bestimme die restlichen Wörter und kläre ihre Funktion.

Tandem[4] homines[2] simulacra[3] deorum[4] vident[1].

1. → … (sie) sehen … — vident

2. WER *sieht?* — homines
→ … die Menschen sehen …

3. WEN / WAS *sehen die Menschen?* — simulacra
→ … die Menschen sehen … die Bilder

4. **restliche Wörter:** — deorum
• Gen.Pl.; gehört zu simulacra
WESSEN *Bilder sehen die Menschen?*
→ der Götter

• Adverb; Zeitangabe — tandem
WANN *sehen die Menschen …*
→ endlich

→ [4]Endlich [1]sehen [2]die Menschen [3]die Bilder [4]der Götter.

Verfahre nach der **SÜS**. Schreibe die Wörter zu 1. – 4. und übersetze.

Subito amici clamorem asinorum audiunt.

1. Prädikat: ______________________

2. Subjekt: ______________________

3. Ergänzungen: ______________________

____

4. restliche Wörter: ______________________

____

Übersetzung: ______________________

____

V1 Verben der e-Konjugation und der Konsonantischen Konjugation **unterscheiden**
V2 alle Verben ihrer Konjugation **zuordnen**
V3 an den Person-Zeichen die Person des Verbs **erkennen** und **übersetzen**
V4 Verbformen an ihren Bestandteilen **erkennen** und **bilden**
N1 den Dativ der Substantive der a-, o- und Kons. Deklination **erkennen**
N2 den Dativ der Substantive der a-, o- und Kons. Deklination **bilden**

V1 Die Verben der Kons. Konjugation (z. B. **ludere**) sehen im Infinitiv genauso aus wie die Verben der e-Konjugation (z. B. **videre**). Man kann sie aber unterscheiden. Dazu musst du auf das -e- vor dem -re achten:

- Wenn es lang und betont ist, dann gehört das -e- zum Stamm dazu: **vidē**-re. Das Verb gehört zur e-Konjugation.
- Wenn es kurz und unbetont ist, dann gehört das -e- nicht zum Stamm: **lúd**-e-re. Das Verb gehört zur Konsonantischen Konjugation.

V2 Zu welcher Konjugation ein Verb gehört, erkennst du am Ende seines Präsensstamms.

a-Konjugation	e-Konjugation	i-Konjugation	Kons. Konjugation
clamare	**videre**	**venire**	**ludere**

V3 Die Person-Zeichen des Verbs lauten:

1.Pers. Sg.	2.Pers. Sg.	3.Pers. Sg.	1.Pers. Pl.	2.Pers. Pl.	3.Pers. Pl.
- o	**- s**	**- t**	**- mus**	**- tis**	**- nt**

V4 Das **Person-Zeichen** wird an den **Präsensstamm** angehängt. Zwischen dem Präsensstamm und dem Person-Zeichen gibt es bei einigen Personen **Sprechvokale**:

Sprechvokal -u	Bsp.	Sprechvokal -i	Bsp.
3. Pers. Pl. der Kons. Konj. und der i-Konj.	leg+*u*+nt veni+*u*+nt	2. Pers. Sg., 3. Pers. Sg., 1. Pers. Pl., 2. Pers. Pl. der Kons. Konj.	leg+*i*+s, leg+*i*+t, leg+*i*+mus, leg+*i*+tis

	a-Konj.	e-Konj.	i-Konj.	Kons. Konj.	esse
Infinitiv	**clamare**	**videre**	**venire**	**legere**	**esse**
1. Sg.	clam**o**	vide**o**	veni**o**	leg**o**	**sum**
2. Sg.	clama**s**	vide**s**	veni**s**	legi**s**	**es**
3. Sg.	clama**t**	vide**t**	veni**t**	legi**t**	**est**
1. Pl.	clama**mus**	vide**mus**	veni**mus**	legi**mus**	**sumus**
2. Pl.	clama**tis**	vide**tis**	veni**tis**	legi**tis**	**estis**
3. Pl.	clama**nt**	vide**nt**	veniu**nt**	legu**nt**	**sunt**

N1 Den **Dativ** (*Wem?*) erkennst du an folgenden Endungen:

	a-Dekl.	o-Dekl.		Kons. Dekl.
	femininum	maskulinum	neutrum	
Singular	**-ae**	**-o**	**-o**	**-i**
Plural	**-is**	**-is**	**-is**	**-ibus**

N2 Der Dativ wird aus dem Wortstamm und der Kasus-Endung gebildet:
amic+o = amico   serv+is = servis   patr+i = patri

WS

dicere	______	orator	______
canis	______	iubere	______
sumere	______	avus	______
tacere	______	rogare	______
periculum	______	iacere	______

V1

Unterscheide die Verben der e-Konjugation von den Verben der Konsonantischen Konjugation. Markiere das lange -e bei den Infinitiven der e-Konjugation durch einen Strich darüber, sprich alle Infinitive laut aus und ergänze die 1. Person Sg.

e-Konjugation	Konsonantische Konjugation
ridēre, *rideō*	*legere, lego*
gaudere,	sumere,
tenere,	quaerere,
parere,	dicere,
tacere,	plaudere,
iacere,	ludere,

V2

a Trenne die Infinitiv-Endung **-re** bzw. bei der Konsonantischen Konjugation **-ere** ab und markiere den Präsensstamm farbig.

saluta|re – sedere – legere – stare – audire – dicere – iacere – vocare – invadere – dormire – sumere – rogare – venire – videre – plaudere – intrare – timere – debere

b Ordne alle Infinitive aus der Aufgabe a) den Konjugationen zu.
Für jede Konjugation findest du fünf Verben, nur für eine gibt es weniger. Welche ist das?

a-Konjugation	e-Konjugation	i-Konjugation	Kons. Konjugation

V3 Trenne die Person-Zeichen ab und übersetze die Verbformen ins Deutsche.

salutamus: wir grüßen	invadunt: ______

rogant: ______	tacetis: ______

ludo: ______	sumus: ______

iacet: ______	exspectatis: ______

dormis: ______	respondet: ______

V4 **a** Zerlege die Verbformen in ihre Bestandteile und trage diese in die Spalte ein.

	Präsensstamm	Sprechvokal	Person-Zeichen
rogatis	roga	–	tis
dicunt	dic	u	nt
statis			
ardet			
sumimus			
venis			
iubeo			
audiunt			
legit			
ridemus			

b Konjugiere:

Infinitiv	1. Sg.	2. Sg.	3. Sg.	1. Pl.	2. Pl.	3. Pl.
intrare						
ludere						
esse						

c Bilde folgende Verbformen von rogare, videre, dormire, dicere.

1. Sg.: ______

3. Pl.: ______

N1 a Unterstreiche Dativ Singular einfach, Dativ Plural doppelt. Du findest je fünf Formen.

villis – amica – asinus – consulibus – dono – homo – insulae – amicis – patri – silentio – lacrimas – consulis – verbis – periculum – equi – amicae – hominibus

b Trage die Substantivformen an der richtigen Stelle bei ihrer Deklination ein. Eine Form fehlt. Welche?

avo – oratores – canibus – regina – canis – avum – canum – reginarum – oratorem – reginas – orator – reginam – oratorum – avos – oratoris – avis – oratori – avi – reginis – canes – avus – reginae – canem – avorum – reginae – avi – oratores – canis – reginae – cani – oratoribus

a-Deklination

	Singular	Plural
Nom.		
Gen.		
Dat.		
Akk.		

o-Deklination (m.)

	Singular	Plural
Nom.		
Gen.		
Dat.	*avo*	
Akk.		

Konsonantische Deklination

	Singular	Plural
Nom.		
Gen.		
Dat.		
Akk.		

Konsonantische Deklination

	Singular	Plural
Nom.		
Gen.		
Dat.		
Akk.		

N2 Bilde foldende Formen:

	nuntius	matrona	periculum	senator
Stamm	*nunti-*			
Dat. Sg.				
Dat. Pl.				

	serva	homo	pater	populus
Stamm				
Dat. Sg.				
Dat. Pl.				

V1 den Imperativ Singular und Plural (Befehlsform) **erkennen und bilden**

N1 die Wortarten Substantiv und Adjektiv **unterscheiden**

N2 die Kongruenz zwischen Adjektiv- und Substantivformen **erkennen**

N3 Adjektivformen in Kongruenz zu Substantiven **bilden**

V1 Mit dem Imperativ (der Befehlsform) werden Aufforderungen oder Befehle an eine oder an mehrere Personen gerichtet.

Responde, serva!	Antworte, Sklavin!
Respondete, servae!	Antwortet, Sklavinnen!

Der Imperativ Singular ist bei Verben der a-, e-, i-Konjugation genau wie der Präsensstamm, — Roga! Tace! Audi!
bei Verben der Konsonantischen Konjugation wird noch ein -e an den Stamm angehängt, — Lege!
von esse lautet er: — Es!

Der Imperativ Plural besteht aus Präsensstamm +te. — Roga**te**! Tace**te**! Audi**te**!
Bei Verben der Konsonantischen Konjugation steht der Sprechvokal -i- dazwischen, — Leg**ite**!
von esse lautet er: — Es**te**!

N1 Adjektive werden im Lateinischen ganz ähnlich wie im Deutschen verwendet:
- Ein Adjektiv gibt eine nähere Beschreibung eines Substantivs.
- Es richtet sich in seiner Form (Endung) nach diesem Substantiv.
- Es gibt für jedes Genus (Geschlecht) eine eigene Adjektivform.
- Aber: Im Lateinischen stehen Adjektive meist hinter „ihren" Substantiven.

Beispiele:

ein neuer Konsul	eine neue Freundin	ein neues Schauspiel
consul novus	amica nova	spectaculum novum
dem neuen Konsul	der neuen Freundin	einem neuen Schauspiel
consuli novo	amicae novae	spectaculo novo

N2 Die Übereinstimmung zwischen den Substantiv- und Adjektivform heißt Kongruenz.
Die beiden Formen stimmen in Kasus, Numerus und Genus überein (KNG-Kongruenz).

Beispiel (Genus)	Substantiv (m.) steht im Akk. Sg.	Adjektiv steht im Akk. Sg. m.
asinus m.	asin**um**	magn**um**
canis m.	can**em**	magn**um**

N3 Die Adjektivformen werden wie Substantive der a- und o-Deklination dekliniert.

	Singular			Plural		
	m	f	n	m	f	n
Nom.	magnus	magna	magnum	magni	magnae	magna
Gen.	magni	magnae	magni	magnorum	magnarum	magnorum
Dat.	magno	magnae	magno	magnis	magnis	magnis
Akk.	magnum	magnam	magnum	magnos	magnas	magna

WS

cogitare ______________________ laetus ______________________

novus ______________________ nauta ______________________

bonus ______________________ maestus ______________________

secundus ______________________ intrare ______________________

fur ______________________ multi ______________________

V1

a Erkläre, wie der Imperativ Singular aussieht:

- bei der a-, e- und i-Konjugation: wie der P __ __ __ __ __ __ S __ __ __ __
- bei der Kons. Konjugation: an dem P __ __ __ __ __ __ __ S __ __ __ __ ein __

b An welchem Zeichen erkennst du den Imperativ Plural? ______________________

c Einige der Verbformen sind Imperative Singular (5 Formen) oder Plural (6 Formen). Unterstreiche sie.

defende – pugnate – sumite – dicitis – dormire – intra – ludimus – audi – estis – responde – apportate – es – accurrimus – parete – cogitas – audite – video – este

d Übersetze die Sätze mit den Imperativen ins Deutsche.

1. Audi! ______________________
2. Saluta consulem! ______________________
3. Sedete, amicae! ______________________
4. Propera ad forum! ______________________
5. Da mihi epistulam! ______________________
6. Quaerite furem! ______________________

e Ermittle den Präsensstamm der Verben und bilde die Imperative.

	Präsensstamm	Imperativ Sg.	Imperativ Pl.
venire	*veni-*	*veni!*	*venite!*
tenere			
vocare			
legere			

N1 Zeichne einen Pfeil vom Adjektiv zum Substantiv, zu dem es gehört. Übersetze dann die Sätze ins Deutsche.

Nautae novam navem defendunt. – *Die Matrosen verteidigen ihr neues Schiff.*

1. Servae novae tacent. ______________________________

2. Multi homines piratas timent. ______________________________

____

3. Quintus solus hic sedet et amicos expectat. ______________________________

____

4. Piratae multos homines abducunt. ______________________________

____

N2 **a** Wähle das passende Adjektiv aus, setze es ein und übersetze.

magnam – novum – multa – secundus – laeti

1. Senatores consulem ______________ salutant.

____

2. Homines ______________ semper rident.

____

3. Flavia: „Certe pater mihi ______________ dona apportat.“

____

4. Ventus ______________ nautis placet.

____

5. Silentium est. Fur villam ______________ intrat.

____

b Setze das Adjektiv in Klammern in der richtigen Form ein.

Überlege: Zu welchem Substantiv soll es passen? Welches Genus hat dieses Substantiv, in welchem Kasus und Numerus steht es?

1. In insulam (novus) ______________ navigamus.

2. Nautae ventum (secundus) ______________ exspectant.

3. Homines (maestus) ______________ sunt, nam spectaculum non placet.

4. Piratae naves (magnus) ______________ invadere solent.

N3 **a** Trage die zusammenpassenden Substantiv- und Adjektivformen an die richtige Stelle ein.

~~canem~~
canes
canibus
canis
cani
canum
canis
canes

	Singular	*Plural*
Nom.		
Gen.		
Dat.		
Akk.	*canem bonum*	

bono
boni
bonos
bonis
bonus
bonorum
boni
~~bonum~~

nauta
nautas
nautae
nautarum
nautam
nautis
nautae
nautae

	Singular	*Plural*
Nom.		
Gen.		
Dat.		
Akk.		

laeti
laeto
laetus
laetis
laetorum
laeti
laetos
laetum

b Dekliniere die Kombination Substantiv + Adjektiv.

	maskulinum	
	Singular	Plural
Nom.	*consul novus*	
Gen.		
Dat.		
Akk.		

Denke daran, dass das Adjektiv nur die Endungen der a-/o-Deklination hat.

	femininum	
	Singular	Plural
Nom.	*insula magna*	
Gen.		
Dat.		
Akk.		

N1 den Ablativ der a-/o- und Konsonantischen Deklination **erkennen**

N2 den Ablativ der a-/o- und Konsonantischen Deklination **bilden**

N3 verschiedene Funktionen des Ablativs **bestimmen**

N4 Substantive der a-/o- und Konsonantischen Deklination vollständig **deklinieren**

N5 die Präposition in mit Akkusativ und mit Ablativ **unterscheiden**

N1 Den Ablativ erkennt man an folgenden Endungen:

	a-Deklination	o-Deklination		Konsonantische Deklination
	femininum	maskulinum	neutrum	
Singular	-a	-o	-o	-e
Plural	-is	-is	-is	-ibus

N2 Die Ablativformen werden gebildet aus dem Wortstamm und der Kasus-Endung:
amic+o → amico consul+ibus → consulibus

N3 Mit dem Ablativ werden Informationen über Zeit, Ort und Art und Weise des Geschehens gegeben. Oft steht der Ablativ nach einer Präposition.

Beim Übersetzen richtet man sich einfach nach der Präposition im Deutschen:
cum amicis – mit den Freunden, sine servo – ohne einen Sklaven, in foro – auf dem Forum

Ort, Zeit *Wo? Wann?*	Mittel, Begleitung *Wie? Womit? Mit wem?*	Trennung *Wovon (...weg)? Ohne wen?*
in insula – auf der Insel in spectaculo – beim Schauspiel	cum voluptate – mit Vergnügen cum consule – mit dem Konsul	sine mente – ohne Bewusstsein sine servis – ohne Sklaven

N4

	o-Deklination			
	maskulinum		neutrum	
	Singular	Plural	Singular	Plural
Nom.	amicus	amici	donum	dona
Gen.	amici	amicorum	doni	donorum
Dat.	amico	amicis	dono	donis
Akk.	amicum	amicos	donum	dona
Abl.	amico	amicis	dono	donis

	a-Deklination		Konsonantische Dekl.	
	Singular	Plural	Singular	Plural
Nom.	villa	villae	consul	consules
Gen.	villae	villarum	consulis	consulum
Dat.	villae	villis	consuli	consulibus
Akk.	villam	villas	consulem	consules
Abl.	villa	villis	consule	consulibus

N5 Die lateinische Präposition in kann – wie im Deutschen – zwei Informationen geben:

lateinisch		Frage	deutsch	Beispiel im Deutschen
in + Akk.	Richtung	*wohin?*	*in* + Akk.; *zu*	*in die Schule, zur Schule (gehen)*
in + Abl.	Ort	*wo?*	*in* + Dat.; *auf*	*in der Schule (lernen)*

WS

ambulare	______	nuntius	______
auxilium	______	mens	______
meus	______	sine	______
navis	______	nonne	______
iudex	______	cum	______

N1

a Trage die Endungen ein, an denen man den Ablativ erkennt.

	a-Deklination	o-Deklination		Konsonantische Deklination
	femininum	maskulinum	neutrum	
Singular				
Plural				

b Jeweils eine der beiden Substantivformen steht im Ablativ. Streiche die andere durch.

servos – servis	senatori – senatore	auxilio – auxilium	solem – sole
oculis – oculos	fugae – fuga	homines – hominibus	foro – forum
mentis – mente	nuntio – nuntii	dona – donis	terris – terram

N2

a Trage den Wortstamm ein und bilde den Ablativ Singular und Plural.

	ventus	femina	periculum	senator
Stamm				
Abl. Sg.				
Abl. Pl.				

	serva	homo	pater	populus
Stamm				
Abl. Sg.				
Abl. Pl.				

b Setze die Substantive in den Ablativ, sodass sie zur Präposition passen.

Singular	servus:	cum *servo*	**Plural**	nuntii:	cum *nuntiis*
	aqua:	ex ______		pericula:	in ______
	pater:	sine ______		matres:	sine ______

N3 Ordne die lateinischen Ausdrücke den Funktionen des Ablativs zu.

cum amicis – ex provincia – magno cum furore – in magnis insulis – ex navibus – sine patre – in villa – cum oratore – in foro Romano – sine mente – in spectaculo – cum familia

Ort, Zeit *Wo? Wann?*	Mittel, Begleitung *Wie? Womit? Mit wem?*	Trennung *Wovon (...weg)? Ohne wen?*

N4 Dekliniere die Substantive. Überlege vorher, zu welcher Deklination das Substantiv gehört.

Hier hilft dir der Genitiv Singular.

	Singular	Plural
Nom.	*asinus*	
Gen.		
Dat.		
Akk.		

	Singular	Plural
Nom.	*orator*	
Gen.		
Dat.		
Akk.		

	Singular	Plural
Nom.	*epistula*	
Gen.		
Dat.		
Akk.		

	Singular	Plural
Nom.	*auxilium*	
Gen.		
Dat.		
Akk.		

	Singular	Plural
Nom.	eques	
Gen.		
Dat.		
Akk.		
Abl.		

	Singular	Plural
Nom.	avus	
Gen.		
Dat.		
Akk.		
Abl.		

	Singular	Plural
Nom.	terra	
Gen.		
Dat.		
Akk.		
Abl.		

	Singular	Plural
Nom.	verbum	
Gen.		
Dat.		
Akk.		
Abl.		

N 5 Achte bei der Präposition **in** darauf, ob sie mit Akkusativ oder mit Ablativ steht. Gib an, ob Richtung [R] oder Ort [O] ausgedrückt ist, und übersetze:

1. Consules in foro ambulant. [ ] ______________________________

____

2. In insulam navigamus. [ ] ______________________________

____

3. Flavia cum amicis in villa ludit. [ ] ______________________________

____

4. Piratae multos homines in insulam abducunt. [ ] ______________________________

____

5. Nonne in Circum Maximum venis, Marce? [ ] ______________________________

____

6. Iudices in Basilica Iulia sedent. [ ] ______________________________

____

N1 verschiedene Funktionen des Ablativs **erkennen**

N2 Substantive der a-/o- und Kons. Deklination **bestimmen**

S1 Satzglieder Subjekt, Prädikat, Objekt, Adverbiale und das Attribut **benennen**

N1

Der Ablativ kann auch ohne Präposition stehen, also als bloßer Ablativ verwendet sein.

Senator consulem **tota urbe** quaerit.
Der Senator sucht den Konsul <u>in</u> **der ganzen Stadt**.

Senator consulem **clamore** salutat.
Der Senator begrüßt den Konsul <u>mit</u> **Geschrei**.

Der Ablativ gibt Informationen über

Ort	Zeit	Mittel	Begleitung	Art und Weise	Grund	Trennung
Wo?	*Wann?*	*Womit?* *Wodurch?*	*Mit wem?*	*Wie?*	*Warum?* *Worüber?*	*Ohne wen?* *Von wo?*

N2

Übersicht über die Endungen der Substantive der a-, o- und Kons. Deklination:

	o-Deklination			
	maskulinum		neutrum	
	Singular	Plural	Singular	Plural
Nom.	**-us**	**-i**	**-um**	**-a**
Gen.	**-i**	**-orum**	**-i**	**-orum**
Dat.	**-o**	**-is**	**-o**	**-is**
Akk.	**-um**	**-os**	**-um**	**-a**
Abl.	**-o**	**-is**	**-o**	**-is**

	a-Deklination		Konsonantische Dekl.	
	Singular	Plural	Singular	Plural
Nom.	**-a**	**-ae**	verschieden	**-es**
Gen.	**-ae**	**-arum**	**-is**	**-(i)um**
Dat.	**-ae**	**-is**	**-i**	**-ibus**
Akk.	**-am**	**-as**	**-em**	**-es**
Abl.	**-a**	**-is**	**-e**	**-ibus**

S1

Im Satz übernehmen einzelne Wörter oder Wortgruppen folgende Aufgaben:

		Frage (immer mit einem ganzen Satz!)
Subjekt		*Wer… / Was…?*
Prädikat		*Was tut der/die…?*
Objekt	Dativ-Objekt	*Wem …?*
	Akkusativ-Objekt	*Wen …? / Was …*
Adverbiale		*Wo…? Wann…? Wie…? Wodurch…? Womit…? / Mit wem…?* *Ohne wen…? Von wo…? Warum…? Worüber…?*
Attribut		*Was für ein…? / Wessen…?*

Hodie	senatores	oratori	magna voce	in foro	epistulam	consulis	dant.
Wann?	*Wer?*	*Wem?*	*Wie?*	*Wo?*	*Wen/Was?*	*Wessen?*	*Was tun sie?*
Adv.	**Subj.**	**Dat. Obj.**	**Adv.**	**Adv.**	**Akk. Obj.**	**Att.**	**Präd.**

WS

currere ______

vox ______

exspectare ______

rogare ______

eques ______

orator ______

incitare ______

ambulare ______

arma ______

clamor ______

N1

a Suche aus dem Kasten alle Ablative heraus. Wie viele sind es – 5, 9 oder 12?

terram – armis – epistula – oratoribus – populi – clamor – hominis – periculis – equite – insula – amicus – dono – voce – forum – urbis – exemplo – voluptas – oculos – medici

b Jeweils eine der beiden Formen ist ein Substantiv im Ablativ. Streiche die andere Form durch.

sedere – senatore	cane – mane	oratore – ludere
voco – voce	ventis – venis	specta – terra
specto – spectaculo	curre – fure	valde – equite

Denke an die Grundform des Wortes, dann findest du heraus, welches das Substantiv ist.

c Unterstreiche das Substantiv im Ablativ zusammen mit der Präposition, wenn eine dabei steht, und trage im Kasten die Funktion ein. Übersetze dann die Sätze.

Ort, Zeit, Mittel, Begleitung, Grund, Trennung

1. Quintus cum amicis ambulat.

______ [ ]

2. Magister navis *(= der Kapitän)* nautas magna voce incitat.

______

______ [ ]

3. Multi homines servitute maesti sunt.

______

______ [ ]

4. Prima luce piratae navem invadunt.

______

______ [ ]

5. Consul in foro senatores convenit.

______

______ [ ]

N2 a Wie findest du den Wortstamm eines Substantivs?
Sortiere die Wörter im Kasten zum Antwortsatz.

die wegstreicht Singular wenn Endung man Genitiv des

Den Wortstamm eines Substantivs findet man,

b Trage die Endungen des Genitiv Singular ein.

Genitiv Singular		
o-Deklination	a-Deklination	Konsonantische Deklination

c Trage Nom. Sg., Gen. Sg., den Stamm und die Deklination der Wörter in die Tabelle ein und kreise die richtige Bestimmung von Kasus und Numerus ein.

	Nom. Sg.	Gen. Sg.	Stamm	Dekl.	Bestimmung von Kasus und Numerus						
amicis	*amicus*	*amici*	*amic-*	*o-*	Nom	Gen	(Dat)	Akk	(Abl)	Sg.	(Pl.)
nautas					Nom	Gen	Dat	Akk	Abl	Sg.	Pl.
voce					Nom	Gen	Dat	Akk	Abl	Sg.	Pl.
hominibus					Nom	Gen	Dat	Akk	Abl	Sg.	Pl.
rei					Nom	Gen	Dat	Akk	Abl	Sg.	Pl.
populum					Nom	Gen	Dat	Akk	Abl	Sg.	Pl.
causae					Nom	Gen	Dat	Akk	Abl	Sg.	Pl.
verbi					Nom	Gen	Dat	Akk	Abl	Sg.	Pl.
urbes					Nom	Gen	Dat	Akk	Abl	Sg.	Pl.
exemplo					Nom	Gen	Dat	Akk	Abl	Sg.	Pl.
asinos					Nom	Gen	Dat	Akk	Abl	Sg.	Pl.

S1 **a** Unterstreiche das Subjekt in folgenden Sätzen und schreibe es auf Deutsch auf.

1. Hodie servi cum domino in foro ambulant. ______________________

2. Subito dominus consulem videt. ______________________

3. Consul ad senatores currit. ______________________

4. Iam procul senatores consulem salutant. ______________________

b Unterstreiche das Subjekt und schreibe es in Klammern auf Deutsch auf.

1. Consul dicit: (*Der Konsul*).
2. „Nuntium apporto. (*ich*)

3. Oratorem magnum hodie in foro audimus. (______________). 4. Cur non properatis, senatores? (______________). 5. Homines consulem et senatores exspectant." (______________)

6. Tum tacet. (______________). 7. Unus e senatoribus rogat: (______________)

8. „Ubi est orator magnus?" (______________) 9. Et consul respondet: (______________)

10. „Iam in foro stat." (______________)

c Unterstreiche die Dativ- und Akkusativ-Objekte mit verschiedenen Farben.

1. Prima luce multi homines foro appropinquant. 2. Semperne dei hominibus auxilium dant? 3. Subito Quintus in foro magnum clamorem audit. 4. Iterum atque iterum Quintus epistulam Flaviae legit. 5. Hodie Flavia Quinto epistulam dat. 6. Verba oratoris populo valde placent. 7. Homines tota urbe furem quaerunt.

d Baue aus den Wörtern im Kasten Sätze, in denen die Satzglieder sinnvoll verwendet werden.

equos – intrat – ex thermis[1] – homines – in villa – magno clamore – Flaviam – forum – consul – exspectant – medicus – portat

	Subjekt	Objekt	Adverbiale	Prädikat
1.		*senatorem mortuum*		
2.				*incitant.*
3.	*Amicae*			
4.			*cum senatoribus*	

Ü5 Hier siehst du im Überblick, wofür die **Kasus im Satz** zuständig sind.

Nominativ	**Subjekt**	*Wer? Was?*
Genitiv	**Genitiv-Attribut:**	*Wessen?*
Dativ	**Dativ-Objekt**	*Wem?*
Akkusativ	**Akkusativ-Objekt**	*Wen? Was?*
Ablativ	**Adverbiale** (des Ortes, der Zeit, der Art und Weise, des Grundes)	z. B.: *Wo? Wohin? Woher? Wann? Wie? Womit? Worüber? Weshalb?*

Beispiel:	Servus	tota urbe	asinos	domini	quaerit.
Kasus	*Nom.*	*Abl.*	*Akk.*	*Gen.*	
Frage	*Wer?*	*Wo?*	*Wen? / Was?*	*Wessen?*	
Funktion	*Subjekt*	*Adverbiale*	*Akk.-Objekt*	*Gen.-Attribut*	*Prädikat*
	Der Sklave sucht in der ganzen Stadt die Esel des/seines Herrn.				

1.	Navem	piratarum	nautae	non invadunt.
Kasus				
Frage				
Funktion				

2.	Nuntius	voluptate	epistulam	imperatori	dat.
Kasus					
Frage					
Funktion					

Ü6 **Subjekt oder Objekt**? Manche Substantivformen sind nicht eindeutig, aber durch die Bedeutung des Prädikats und genaue Untersuchung der anderen Formen kannst du entscheiden, um welchen Kasus es sich handelt.

Amicae
dona placent.

placent – sie gefallen → *Wer/Was gefällt wem?*
Welches Wort steht im Nom., welches im Dativ?
Nur amicae kann Dativ sein, also ist dona Nominativ!

Der Freundin gefallen
die Geschenke.
Wer? Was? → Subjekt

Achte auf das fett gedruckte Wort, schreibe deine Überlegungen auf und übersetze.

Homines **deae** donum apportant.		
Consules orator in foro convenit.		

Ü7

Achte beim Übersetzen auch auf die **Satzzeichen**.
Trage sie bei den lateinischen Beispielsätzen in der rechten Tabellenspalte ein.

!	**Ausrufezeichen**	Ausruf, Befehl	Venite, amici
?	**Fragezeichen**	Frage	Ubi est senator
.	**Punkt**	Satzende	Amici in foro conveniunt
,	**Komma**	Aufzählung; Gliedsatz	Clamat dum in forum currit.
;	**Semikolon**	wie ein Punkt	Tacet tum clamat.
: „…“	**Doppelpunkt** **Anführungszeichen**	wörtliche Rede	Flavia dicit Periculum timeo.

Ü8

Text-**Ü**bersetzungs-**S**trategie (**TÜS**)

1. Lies den **Text ganz** und in Ruhe durch, vom ersten bis zum letzten Wort.
2. Suche vor dem Übersetzen heraus: **Welche Personen** kommen vor?
   Welche davon sind die **handelnden** Personen? **Wo** spielt die Geschichte (Ort)?
3. **Gliedere** den Text, indem du auf besondere Kennzeichen achtest, z. B. auf die **wörtliche Rede**.
   Stelle fest, welche Personen in welcher Abfolge sprechen.
4. **Übersetze** nun Satz für Satz mit der SÜS. **Prüfe** am Ende genau, ob du ein Wort oder einen Satz übersehen hast, und gib dich erst zufrieden, wenn deine gesamte Übersetzung eine **sinnvolle Aussage** ergibt.

Flavius, avus Flaviae, senator est. Maestus est, nam familia magno in periculo est. Hodie Flavius consules in foro convenit. Primo consules salutat, tum dicit: „Date auxilium! Piratas invadere debemus.“ Consules tacent; tum avus magna voce: „Dum hic statis, piratae multos homines abducunt et necant. Pericula populo non placent. Cur non in insulam piratarum navigatis?“ Tandem consules respondent: „Populum semper defendimus. Sed ventus secundus non est, itaque exspectamus.“ Avus maestus de foro decedit.

1. Hast du den Text von Anfang bis Ende durchgelesen? Ja ☐

2. Schreibe alle Personen heraus, die vorkommen: ____________________

____

Unterstreiche die hier handelnden Personen. Du findest sie heraus, wenn du darauf achtest, ob sie z. B. Subjekt sind oder ob sie sprechen.
Schreibe heraus, wo die Geschichte spielt (lateinische Wörter aus dem Text, mit Zeilenzahl):

____

3. Markiere die wörtliche Rede farbig und schreibe an den Rand, wer wo spricht.

4. Nimm ein eigenes Blatt und übersetze den Text. Viel Erfolg!

N1 Substantive auf -er/-r **deklinieren**
N2 Substantive der a-/o- oder Konsonantischen Deklination **zuordnen**
N3 Adjektive auf -er/-r und ihre Kongruenz mit Substantivformen **erkennen**
N4 verwechselbare Endungen bei Substantiven richtig **zuordnen**

N1 Es gibt einige **maskuline Substantive** der o-Deklination, die im Nominativ Singular nicht auf -us, sondern auf -er oder -r enden. Diese Substantive sind nur im Nom. Sg. „anders".

	o-Deklination	
	Singular	**Plural**
Nom.	puer	puer**i**
Gen.	puer**i**	puer**orum**
Dat.	puer**o**	puer**is**
Akk.	puer**um**	puer**os**
Abl.	puer**o**	puer**is**

N2 Da es auch in der Konsonantischen Deklination Substantive auf -er gibt (z. B. pater), muss man bei der Zuordnung zur Deklination sicher sein.

Nom. Sg.	Gen. Sg.		Deklination	Beispiele	
- us - (e)r - um	**-i**	→	o-Dekl.	asin**us** vir sign**um**	asin**i** vir**i** sign**i**
- a	**-ae**	→	a-Dekl.	insul**a**	insul**ae**
(ver-schieden)	**-is**	→	Kons. Dekl.	consul pater	consul**is** patr**is**

N3 Auch einige **Adjektive** haben im Nom. Sg. m. die Endung **-er**.

	miser,	misera,	miserum
	pulcher,	pulchra,	pulchrum
Vergleiche:	magnus,	magna,	magnum

Auch bei diesen Adjektiven ist nur der Nom. Sg. m. „anders".

	Singular	Plural
Nom.	equus **pulcher**	equi pulchr**i**
Gen.	equi pulchr**i**	equorum pulchr**orum**
Dat.	equo pulchr**o**	equis pulchr**is**
Akk.	equum pulchr**um**	equos pulchr**os**
Abl.	equo pulchr**o**	equis pulchr**is**

N4 Einige Substantiv-Endungen kommen in verschiedenen Deklinationen vor. Um Verwechslungen zu vermeiden, musst du ein Substantiv sicher auf seinen Nom. Sg. und damit auf seine Deklination zurückführen können.

Beispiel:		Nom. Sg.		Bestimmung
-is	senator**is**	senator	→	Gen. Sg. der Kons. Dekl.
	popul**is**, insul**is**	populus, insula	→	Dat./Abl. Pl. der o-/a-Dekl.

WS

- auxilium ____ ____
- robustus ____
- puer ____ ____
- homo ____ ____
- signum ____
- miser ____
- urbs ____ ____
- iudex ____ ____
- servitus ____ ____
- vir ____

N1 Dekliniere die beiden maskulinen Substantive der o-Deklination.

	Singular	Plural
Nom.	*medicus*	
Gen.	*medici*	
Dat.		
Akk.		
Abl.		

	Singular	Plural
Nom.	*ager*	
Gen.	*agri*	
Dat.		
Akk.		
Abl.		

N2 a Kreuze die Deklination der Substantive an.

Nom. Sg.	Gen. Sg		o-Dekl. m	o-Dekl. n	a-Dekl.	Kons. Dekl.
asinus	asini	→				
lacrima	lacrimae	→				
senator	senatoris	→				
iudex	iudicis	→				
forum	fori	→				
nuntius	nuntii	→				
puer	pueri	→				
servitus	servitutis	→				
pater	patris	→				
nauta	nautae	→				

b Sortiere die Substantive in die Deklinationen ein und schreibe den Genitiv Singular dazu.

ager – mater – vir – victor

o-Deklination		Konsonantische Deklination	
Nom. Sg.	Gen. Sg.	Nom. Sg.	Gen. Sg.

c Sortiere die Substantive in die Deklinationsklassen ein.
Wenn du unsicher bist, dann schlage den Genitiv Singular nach.

ager – amor – aqua – auxilium – canis – clamor – dea – dominus – donum – epistula – eques – equus – exemplum – familia – filius – fortuna – forum – fur – homo – iudex – lacrima – lux – mater – matrona – mors – navis – nox – nuntius – oculus – pater – periculum – populus – puer – pugna – sapientia – servitus – signum – silentium – sol – urbs – verbum – vir – vitium – voluptas – vox

o-Dekl.		a-Dekl.	Kons. Dekl.	
m.	n.	(f.)		

N3 **a** Dekliniere das Substantiv zusammen mit seinem Adjektiv.

	Singular	Plural
Nom.	vir robustus	
Gen.	*viri*	
Dat.		
Akk.		
Abl.		

	Singular	Plural
Nom.	homo miser	
Gen.	*hominis*	
Dat.		
Akk.		
Abl.		

Achte auf das Genus des Substantivs.

b Ordne den Substantiven im Nom. Sg. die passenden Adjektive aus dem Kasten zu.

villa ____________ servus ____________

senator ____________ canis ____________

signum ____________ vox ____________

vita ____________ orator ____________

aspera – iucunda – laetus – magnus – miser – novum – pulchra – robustus

c Wähle eine Adjektivform aus, die in den Satz passt, und übersetze.

1. Titus amicus ____________ Quinti est. bonus – bona – bonos

____

2. Quis est ____________ imperator populi Romani? primi – primis – primus

____

3. Servus: „Homo ____________ sum." miserum – miser – misero

____

N4 Führe die Substantivformen auf ihren Nom. Sg. zurück, ergänze die Deklination und bestimme die Formen nach Kasus und Numerus.

		Nom. Sg.	Deklination	Bestimmung: Kasus, Numerus
-is	consulis			
	signis			
	ventis			

		Nom. Sg.	Deklination	Bestimmung: Kasus, Numerus
-a	dea			
	pericula			

		Nom. Sg.	Deklination	Bestimmung: Kasus, Numerus
-i	servi			
	patri			
	verbi			

V1 Imperfektformen der Verben **erkennen**
V2 Präsens- und Imperfektformen der Verben an ihren Bestandteilen **erkennen**
V3 Präsens- und Imperfektformen der Verben **bilden**
V4 die Verwendung des Imperfekt **erkennen** und es **übersetzen**

V1 Das Imperfekt ist ein lateinisches Tempus (eine Zeit) der Vergangenheit.
Das Imperfekt erkennst du am Tempus-Zeichen **-ba-**:

roga**ba**s – du fragtest   lege**ba**nt – sie lasen

V2 Die Imperfektformen bestehen aus Präsensstamm, Tempus-Zeichen und Person-Zeichen.

Präsensstamm	Tempus-Zeichen	Person-Zeichen
roga	**ba**	m
ride	**ba**	t
dormi	*e***ba**	mus
leg	*e***ba**	nt

V3 Bei der i- und der Kons. Konjugation ist vor dem Tempus-Zeichen der Sprechvokal *-e-* eingeschoben.
Das Imperfekt von esse wird mit era- gebildet und muss extra gelernt werden.

	IMPERFEKT				
	a-Konj.	e-Konj.	i-Konj.	Kons. Konj.	esse
Infinitiv	rogare	ridere	dormire	legere	esse
1. Sg.	roga**ba**m	ride**ba**m	dormie**ba**m	lege**ba**m	**era**m
2. Sg.	roga**ba**s	ride**ba**s	dormie**ba**s	lege**ba**s	**era**s
3. Sg.	roga**ba**t	ride**ba**t	dormie**ba**t	lege**ba**t	**era**t
1. Pl.	roga**ba**mus	ride**ba**mus	dormie**ba**mus	lege**ba**mus	**era**mus
2. Pl.	roga**ba**tis	ride**ba**tis	dormie**ba**tis	lege**ba**tis	**era**tis
3. Pl.	roga**ba**nt	ride**ba**nt	dormie**ba**nt	lege**ba**nt	**era**nt

V4 Das Imperfekt wird im Lateinischen verwendet, wenn **Zustände, andauernde oder wiederholte Handlungen** und **Gewohnheiten** in der Vergangenheit beschrieben werden. Es wird im Deutschen mit dem Tempus Präteritum wiedergegeben.

lateinisch: Imperfekt	*deutsch:* Präteritum
Flavia maesta **erat**, quod serva domino parere **debebat**.	Flavia **war** traurig, weil sie als Sklavin dem Hausherrn gehorchen **musste**.
Romani dies sacrificare **solebant**.	Die Römer **pflegten** den Göttern zu opfern. (Die Römer **waren es gewohnt** / **hatten** die Gewohnheit, den Göttern zu opfern.)

WS

videre ______________________ salutare ______________________

sedere ______________________ parere ______________________

dormire ______________________ solere ______________________

ludere ______________________ petere ______________________

tacere ______________________ agere ______________________

V1

a An welchem Zeichen erkennst du das lateinische Imperfekt? ______________________

b Unterstreiche alle Imperfektformen. Du findest sechs.

videmus – audiebatis – manent – solebas – cedimus – stabam – parebamus – petebant – debes – intratis – laborabam – placet – veniunt

c Hier stehen nicht nur Verbformen. Unterstreiche zuerst alle 13 Verbformen. Markiere dann die sechs Imperfektformen farbig.

tacemus – valde – dormiebatis – hominibus – verba – debent – horrebat – parabant – oratorem – semper – dabat – agitis – voluptate – apportat – ubi – exspectabamus – iubeo – exempla – subito – gaudebas – urbes – manetis – liberam – sumunt

V2

Zerlege die Verbformen in ihre Bestandteile und trage diese in die Spalte ein.

	Präsensstamm	Sprechvokal	Tempus-Zeichen	Person-Zeichen
rogabatis	*roga*	–	*ba*	*tis*
legunt	*leg*	*u*	–	*nt*
cogitamus				
petunt				
studebant				
errabatis				
venit				
dicis				
debebas				
properat				
ludebant				

V3 **a** Konjugiere die Verben in Präsens und Imperfekt.

Infinitiv	tacere	
	Präsens	Imperfekt
1. Sg.	*taceo*	*tacebam*
2. Sg.	*taces*	
3. Sg.		
1. Pl.		
2. Pl.		
3. Pl.		

Infinitiv	quaerere	
	Präsens	Imperfekt
1. Sg.		
2. Sg.		
3. Sg.		
1. Pl.		
2. Pl.		
3. Pl.		

Infinitiv	audire	
	Präsens	Imperfekt
1. Sg.		
2. Sg.		
3. Sg.		
1. Pl.		
2. Pl.		
3. Pl.		

Infinitiv	esse	
	Präsens	Imperfekt
1. Sg.		
2. Sg.		
3. Sg.		
1. Pl.		
2. Pl.		
3. Pl.		

b Wandle die Präsensformen in Imperfektformen um. Ein Linienstrich entspricht einem Buchstaben.

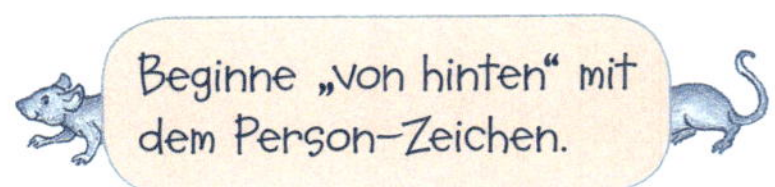

sperat: ___ ___ ___ ___ ___ ___ ___ ___

solemus: ___ ___ ___ ___ ___ ___ ___ ___ ___

ludo: ___ ___ ___ ___ ___ ___ ___

sedent: ___ ___ ___ ___ ___ ___ ___ ___

auditis: ___ ___ ___ ___ ___ ___ ___ ___ ___ ___

emunt: ___ ___ ___ ___ ___ ___ ___

dormis: ___ ___ ___ ___ ___ ___ ___ ___ ___

rogo: ___ ___ ___ ___ ___ ___ ___

c Übertrage diese Imperfektformen ins Lateinische.

er schrie: *c* ___ ___ ___ ___ ___ ___ ___

sie gaben: ___ ___ ___ *a* ___ ___

ich war: ___ *r* ___ ___

wir kauften: ___ ___ *e* ___ ___ ___ ___ ___

du liefst: ___ ___ ___ ___ ___ *b* ___ ___

ihr hofftet: ___ *p* ___ ___ ___ ___ ___ ___ ___ ___

d Trage die Verbformen lateinisch ein.

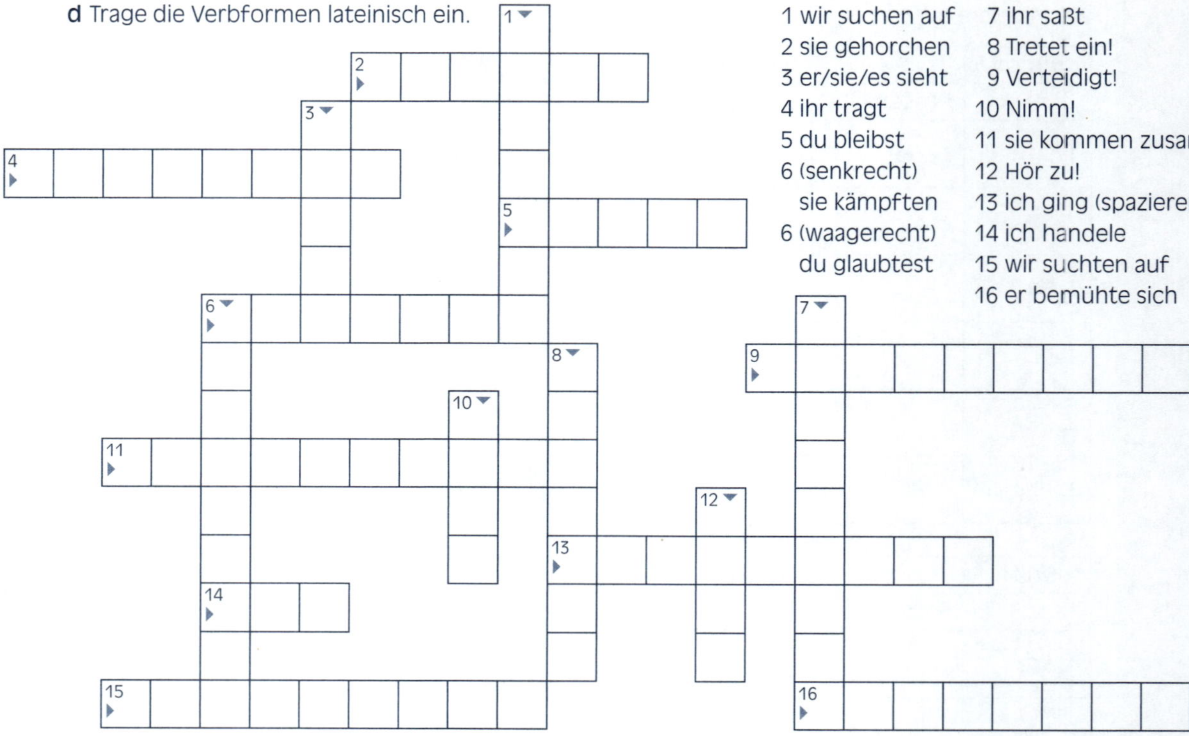

1 wir suchen auf
2 sie gehorchen
3 er/sie/es sieht
4 ihr tragt
5 du bleibst
6 (senkrecht) sie kämpften
6 (waagerecht) du glaubtest
7 ihr saßt
8 Tretet ein!
9 Verteidigt!
10 Nimm!
11 sie kommen zusammen
12 Hör zu!
13 ich ging (spazieren)
14 ich handele
15 wir suchten auf
16 er bemühte sich

V4

a Übersetze diese Imperfektformen ins Deutsche.

salutabamus: ______________________ videbant: ______________________

audiebat: ______________________ ludebat: ______________________

timebatis: ______________________ eramus: ______________________

agebam: ______________________ vocabas: ______________________

eras: ______________________ pugnabant: ______________________

b Ergänze in den deutschen Sätzen das Verb im Imperfekt. Suche die lateinische Verbform, die dem ergänzten Verb entspricht, aus dem Angebot unten heraus und schreibe sie in das Kästchen.

1. Wir ______________ in der Küche, als wir plötzlich ein lautes Klopfen hörten. [ ]
2. In jeden Ferien ______________ sie am Meer. [ ]
3. Ich ______________ vor dem Haus, da fiel eine Dachziegel herunter. [ ]
4. Mein Großvater ______________ lange seine Brille, doch dann bemerkte er sie auf seiner Nase. [ ]

stant – stabat – stabam	ludunt – ludebant – ludebatis
sedemus – sedebant – sedebamus	quaerit – quaerebam – quaerebat

V1 Perfektformen der Verben **erkennen**
V2 Präsens- und Perfektstamm **unterscheiden**
V3 Perfektformen der Verben **bilden**
V4 Verbformen an ihren Bestandteilen **erkennen**
V5 Perfekt **übersetzen**

V1 Das **Perfekt** ist ein Tempus (eine Zeit) der Vergangenheit.

Perfektstamm	Person-Zeichen
rogav	i

ich habe gefragt

Das Perfekt hat eigene **Person-Zeichen**.

1. Pers. Sg.	2. Pers. Sg.	3. Pers. Sg.	1. Pers. Pl.	2. Pers. Pl.	3. Pers. Pl.
-i	**-isti**	**-it**	**-imus**	**-istis**	**-erunt**
ich	du	er/sie/es	wir	ihr	sie

V2 Der Perfektstamm wird in den **Stammformen** mitgelernt. Du erhältst den Perfektstamm, wenn du bei der 1. Pers. Sing. Perf. das Person-Zeichen wegnimmst.

Infinitiv	1. Sg. Präsens	1. Sg. Perfekt	Perfektstamm
rogare	rogo	**rogavi**	**rogav-**
ridere	rideo	**risi**	**ris-**
dormire	dormio	**dormivi**	**dormiv-**
ludere	ludo	**lusi**	**lus-**
esse	sum	**fui**	**fu-**

V3

	PERFEKT				
	a-Konj.: **rogare**	e-Konj.: **ridere**	i-Konj.: **dormire**	Kons. Konj.: **ludere**	**esse**
1.Sg.	rogavi	risi	dormivi	lusi	fui
2.Sg.	rogavisti	risisti	dormivisti	lusisti	fuisti
3.Sg.	rogavit	risit	dormivit	lusit	fuit
1.Pl.	rogavimus	risimus	dormivimus	lusimus	fuimus
2.Pl.	rogavistis	risistis	dormivistis	lusistis	fuistis
3.Pl.	rogaverunt	riserunt	dormiverunt	luserunt	fuerunt

V4 **Zusammensetzung von Verbformen** im Überblick

	Präsens- / Perfekt-stamm stamm	Sprechvokal	Tempus-Zeichen	Person-Zeichen	Bestimmung
ludit	lud	i	–	t	3. Sg. **Präsens**
ludebamus	lud	–	eba	mus	1. Pl. **Imperfekt**
lusistis	lus	–	–	istis	2. Pl. **Perfekt**

V5 Das lateinische Perfekt wird für Handlungen und Vorgänge der Vergangenheit verwendet,

- die einmal vorkamen und beendet sind. → **Im Deutschen** wird dafür **das Präteritum** verwendet.
- von denen festgestellt wird, dass sie abgeschlossen und zu einem Ergebnis gekommen sind. → Bei diesen **Feststellungen** wird das lat. Perfekt auch im Deutschen mit Perfekt wiedergegeben.

WS

mittere	______	vivere	______
interrogare	______	videre	______
trahere	______	audire	______
timere	______	clamare	______
desinere	______	negare	______

V1

a Unterstreiche alle Perfektformen. Du findest sechs.

parent – cogitavisti – sperabam – rogat – servaverunt – interrogavi – trahit – respondebatis – desiimus – desinimus – mittis – negabas – vixistis – misit

b Trage die Person-Zeichen im Perfekt ein.

1. Pers. Sg.	2. Pers. Sg.	3. Pers. Sg.	1. Pers. Pl.	2. Pers. Pl.	3. Pers. Pl.

c Schreibe zum deutschen Personal-Pronomen das entsprechende Perfekt-Person-Zeichen auf.

wir: ______ du: ______ sie: ______

ich: ______ er/sie/es: ______ ihr: ______

V2

a Trage die Stammformen ein und leite aus der 1. Sg. Perf. den Perfektstamm ab.

Infinitiv	1. Sg. Präs.	1. Sg. Perf.	→	Perfektstamm
dicere	*dico*	*dixi*	→	*dix-*
negare			→	
vivere			→	
mittere			→	
mutare			→	
interrogare			→	
tacere			→	
petere			→	
sperare			→	
studere			→	

b Hier sind Präsens- und Perfektstämme gemischt. Trage sie in die richtige Tabelle ein und ergänze den Infinitiv des Verbs.

erra- mis- trax- labora- iacu- sta- praebe- exspectav- dix- dormi- cess- petiv- plaus- porta- desin- audi- pare- mans-

Infinitiv	Präsensstamm

Infinitiv	Perfektstamm

c Markiere alle Präsensstämme blau und alle Perfektstämme rot. Nicht alle Wörter sind Verbstämme!

abdux – ama – apparu – audi – ave – avo – caru – causa – dic – equite – exposu – fu – homo – intrav – iudice – lacrima – mane – neca – parav – pirata – plaud – primo – quaesiv – ris – salutav – sum – sumps – tenu – time – tota – trah – unus – urbs – valde – venti – vide – voce

V3 **a** Konjugiere in Präsens und Perfekt. Schlage sicherheitshalber die Stammformen nach.

	Präsens	Perfekt
Infinitiv	negare	
1.Sg.		
2.Sg.		
3.Sg.		
1.Pl.		
2.Pl.		
3.Pl.		

	Präsens	Perfekt
Infinitiv	mittere	
1.Sg.		
2.Sg.		
3.Sg.		
1.Pl.		
2.Pl.		
3.Pl.		

b Bilde folgende Perfektformen.

Sag die Stammformen auf – falls du unsicher bist, schlage sie nach. Trage dann den Perfektstamm ein und ergänze das Person-Zeichen.

clamare	3. Sg. Perf.	__________
tacere	2. Sg. Perf.	__________
audire	1. Pl. Perf.	__________
invadere	3. Pl. Perf.	__________
rogare	2. Pl. Perf.	__________
abducere	1. Sg. Perf.	__________
exponere	1. Sg. Perf.	__________
timere	3. Sg. Perf.	__________

V4 Zerlege die Verbformen in ihre Bestandteile und trage diese in die Spalten ein.

	Präsens-stamm	Perfekt-stamm	Sprechvokal	Tempus-Zeichen	Person-Zeichen	Bestimmung
legunt	*leg*	–	*u*	–	*nt*	*3. Pl. Präs.*
rogavistis	–	*rogav*	–	–	*istis*	*2. Pl. Perf.*
videbam						
servaverunt						
iubebat						
dat						
traxisti						
agebamus						
vixi						
emis						
ignorant						

V5 Übersetze die lateinischen Perfektformen mit deutschem Perfekt.

tacuisti: __________ amavit: __________

timuimus: __________ luserunt: __________

traxistis: __________ interrogavi: __________

desiit: __________ clamavisti: __________

V1 alle Arten der Perfektbildung **unterscheiden**

V2 die verschiedenen Perfektformen **bilden**

V3 Personen und Tempora der Verbformen **erkennen**

N1 Substantive der Konsonantischen Deklination mit dem Genus neutrum **deklinieren**

N2 Substantive ihrer Deklination **zuordnen**

V1 Es gibt sechs Arten, wie der Perfektstamm aussehen kann (Perfektbildung).

	Infinitiv	1. Sg. Präsens	**Präsensstamm**	1. Sg. Perfekt	**Perfektstamm**
1. **v-Perfekt:** Perfektstamm endet mit dem Buchstaben **-v-**	rogare	rogo	**roga-**	rogavi	**rogav-**
2. **u-Perfekt:** Perfektstamm endet mit dem Buchstaben **-u-**	tacere	taceo	**tace-**	tacui	**tacu-**
3. **s-Perfekt:** Perfektstamm endet mit dem Buchstaben **-s-** (oder -x-)	ludere	ludo	**lud-**	lusi	**lus-**
4. **Dehnung:** Der Vokal im Perfektstamm ist **lang** (im Präsensstamm: kurz)	venire	venio	**veni-**	vēni	**vēn-**
5. **Reduplikation** (Verdopplung): Ein Buchstabe bzw. eine Silbe ist **doppelt**	currere	curro	**curr-**	cucurri	**cucurr-**
6. **unverändert:** Perfektstamm sieht **genau so** aus wie der Präsensstamm	de-fendere	defendo	**defend-**	defendi	**defend-**

V2 Aus den **Stammformen** erhältst du den **Perfektstamm**. An den Perfektstamm werden die **Perfekt-Person-Zeichen** gesetzt: i, isti, it, imus, istis, erunt.

V3 **Zusammensetzung der Verbformen** im Überblick

Tempus	Stamm	Tempus-Zeichen	Sprechvokal	Person-Zeichen
Präsens	Präsensstamm	–	i (Kons. Konj.: 2., 3. Sg., 1., 2. Pl.) u (Kons. Konj. und i-Konj. 3. Pl.)	o, s, t, mus, tis, nt
Imperfekt	Präsensstamm	ba/*e*ba	–	m, s, t, mus, tis, nt
Perfekt	Perfektstamm	–	–	i, isti, it, imus, istis, erunt

N1 In der Konsonantischen Deklination gibt es auch **Neutra**.

	Singular	**Plural**
Nom.	corpus	corpor**a**
Gen.	corpor**is**	corpor**um**
Dat.	corpor**i**	corpor**ibus**
Akk.	corpus	corpor**a**
Abl.	corpor**e**	corpor**ibus**

N2 Aus der Kombination **Nom. Sg. + Gen. Sg.** erkennst du, zu welcher **Deklination** ein Substantiv gehört.

corp**us**, corpor**is** n → Kons. Dekl. ocul**us**, ocul**i** m → o-Dekl.

WS

dare	______	stare	______
corpus	______	numen	______
defendere	______	dicere	______
venire	______	caput	______
genus	______	manere	______

V1

a Alle diese Verben bilden ein v-Perfekt. Schreibe die 3. Pl. Perf. auf.

amare:	*amaverunt*	vocare:	______
audire:	______	sperare:	______
clamare:	______	dormire:	______

b Alle diese Verben bilden ein u-Perfekt. Schreibe die 3. Sg. Perf. auf.

parere:	*paruit*	placere:	______
tacere:	______	debere:	______
timere:	______	tenere:	______

c Alle diese Verben bilden ein s-Perfekt. Schreibe die 1. Pl. Perf. auf.

manere:	*mansimus*	dicere:	______
mittere:	______	ridere:	______
vivere:	______	ludere:	______

d Alle diese Verben bilden ein Perfekt mit Dehnung. Schreibe die 1. Sg. Perf. auf.

legere:	*legi*	agere:	______
venire:	______	videre:	______
sedere:	______	emere:	______

e Diese Verben bilden ein Reduplikationsperfekt. Ergänze die fehlenden Stammformen.

Infinitiv	1. Sg. Präs.	1. Sg. Perf.	→	Perfektstamm
		dedi	→	
		cucurri	→	
		steti	→	

f Diese Verben bilden ein Perfekt ohne Veränderung. Trage ihre Stammformen ein.

Infinitiv	1. Sg. Präs.	1. Sg. Perf.		Perfektstamm
statuere			→	
descendere			→	
defendere			→	

Schlage die Stammformen nach, damit du den Perfektstamm sicher kennst.

V2 Bilde folgende Perfektformen.

1. Sg. v. mittere: ____________ 3. Pl. v. defendere: ____________

2. Pl. v. venire: ____________ 1. Pl. v. audire: ____________

2. Sg. v. dare: ____________ 3. Sg. v. dicere: ____________

Fang „von hinten" an.

V3 Markiere folgende Bestandteile der Verbformen mit verschiedenen Farben:
Präsens-/Perfektstamm Tempus-Zeichen Sprechvokal Person-Zeichen

rogavi dabamus audiunt mittimus mansimus stabam
dormit vocavisti lusit sedebatis defendunt dedi

N1 Dekliniere die Substantive. Schlage den Gen. Sg. nach, wenn du unsicher bist.

	Singular	Plural
Nom.	caput	
Gen.		
Dat.		
Akk.		
Abl.		

	Singular	Plural
Nom.	genus	
Gen.		
Dat.		
Akk.		
Abl.		

	Singular	Plural
Nom.	corpus	
Gen.		
Dat.		
Akk.		
Abl.		

	Singular	Plural
Nom.	numen	
Gen.		
Dat.		
Akk.		
Abl.		

N2

a Sortiere die Substantive im Kasten ihrer Deklination und ihrem Genus zu. Wenn du unsicher bist, dann schlage den Gen. Sg. oder das Genus nach.

ara – aqua – caput – corpus – frater – genus – iudex – lux – mors – mons – numen – oculus – oraculum – populus – pretium – puer – pugna – reus – rex – salus – saxum – tergum – urbs – vita

o-Dekl.		a-Dekl.
m.	n.	

Kons. Dekl.		
m.	f.	n.

b Nenne zu der Substantivform Nom. und Gen. Sg. und kreuze die Deklination an.

	Nom. Sg., Gen. Sg.	o-Dekl.	a-Dekl.	Kons. Dekl.
sortem	*sors, sortis*			✗
fratribus				
salute				
cenae				
corpora				
humanitatis				
regum				
capitis				
filios				
victori				
virum				
genere				
montem				

Ü 9 Ein Satzgefüge aus Haupt- und Gliedsatz wirkt auf den ersten Blick oft schwer durchschaubar.

Dum familia Flaviae in Cretam insulam navigat, subito piratae navem invaserunt et nautas necaverunt.

Wende für das Übersetzen des Satzgefüges die „Gefüge-Übersetzungs-Strategie" (GÜS) an :

1. Suche alle **Prädikate** und unterstreiche sie.
2. Markiere das Wort, das einen Gliedsatz einleitet (die **Subjunktion**).
3. Unterstreiche den **gesamten Gliedsatz** in einer Farbe, den **Hauptsatz** in einer anderen.
4. Übersetze das Wort, das den Gliedsatz einleitet (die Subjunktion). Daran siehst du, was für eine **Information** der Gliedsatz enthält.
5. Übersetze den Hauptsatz, dann den Gliedsatz. Verschiebe dabei keine Wörter aus dem Hauptsatz in den Gliedsatz oder umgekehrt.

Während[4] (→ Zeitangabe)
[3]Dum[2] familia Flaviae in Cretam insulam navigat[1], [3]subito piratae navem invaserunt et nautas necaverunt[1].

Gehe beim 5. Schritt, dem Übersetzen, sowohl im Hauptsatz als auch im Gliedsatz nach deiner **SÜS** vor (→ S. 22):

Hauptsatz		**Gliedsatz** Dum – während
1. Prädikate:	invaserunt – sie haben überfallen et necaverunt – und sie haben getötet	1. navigat – er/sie/es segelt
2. Subjekte:	piratae → die Piraten haben überfallen und getötet	2. familia → die Familie segelt
3. Ergänzungen:	*Wen? Was?* → navem; nautas – das Schiff, die Seeleute → die Piraten haben das Schiff überfallen und die Seeleute getötet	3. *Wohin?* → in Cretam insulam – zur Insel Kreta → die Familie segelt zur Insel Kreta
4. restliche Wörter:	subito – plötzlich	4. Flaviae – Gen. Sg.: *wessen* Familie? → Flavias
Übersetzung	Während Flavias Familie zur Insel Kreta segelte, haben Piraten plötzlich das Schiff überfallen und die Seeleute getötet.	

Übertrage die Tabelle auf ein eigenes Blatt und wende die **GÜS** für folgende Sätze an.

1. Si piratae Flaviam abduxerunt, certe nunc serva est.
2 Pater Flaviae et Aulus vivunt, quod navis Graeca apparuit atque nautae virum et puerum ex aqua traxerunt.
3. Quamquam pater Flaviae et Aulus matrem et Flaviam et Marcum ubique quaesiverant, de sorte familiae nihil audiverunt.

Ü10 Übersetze den Text.
Gehe dabei nach deiner **TÜS** („Text-Übersetzungs-Strategie“ → S. 40) vor:

Quondam homines igne[1] vacabant. Si sol ardebat, lux erat. Si sol non apparebat, nox in terris erat. Dei autem ignem[1] non ignorabant, sed hominibus non dabant. Tum unus vir deos superavit: Prometheus. In terra vivebat, sed dei Prometheum amicum putabant. Itaque Prometheus apud deos esse solebat; erat hospes deorum atque dearum. Tamen Prometheus de salute hominum cogitabat. Itaque ignem[1] a deis sumpsit et ad homines portavit. Dixit: „Ecce, ignem[1] apportavi. Quamquam homo natus sum, apud deos fui et ibi ignem sumpsi.“ Homines valde gaudebant. Furi autem dei miseram sortem paraverunt.

[1] ignis, ignis m: Feuer

TÜS-Ergebnisse:

1. Text gelesen? Ja ☐

2. Personen: ____________________

____

Handelnde Personen unterstrichen? Ja ☐

Ort: ____________________

3. Wörtliche Rede im Text gekennzeichnet und an den Rand geschrieben, wer spricht? Ja ☐

4. Übersetze nun Satz für Satz mit der **SÜS** und mit der **GÜS**.
Prüfe am Ende genau, ob du ein Wort oder einen Satz übersehen hast, und gib dich erst dann zufrieden, wenn deine gesamte Übersetzung eine sinnvolle Aussage ergibt.

Schreibe die Übersetzung auf ein eigenes Blatt.

V1 Plusquamperfektformen der Verben **erkennen**

V2 Plusquamperfektformen der Verben **bilden**

V3 Plusquamperfekt **übersetzen**

V4 Verbformen an ihren Bestandteilen **erkennen**

N1 das Personal-Pronomen der 1. und 2. Person **erkennen** und **übersetzen**

V1 Das Plusquamperfekt ist ein Tempus (eine Zeit) der Vergangenheit.

Perfektstamm	Tempus-Zeichen	Person-Zeichen	
rogav	**era**	m	ich hatte fragte
leg	**era**	nt	sie hatten gelesen

V2

	PLUSQUAMPERFEKT				
	a-Konj.: **rogare**	e-Konj.: **ridere**	i-Konj.: **venire**	Kons. Konj.: **legere**	**esse**
1.Sg.	rogaveram	riseram	veneram	legeram	fueram
2.Sg.	rogaveras	riseras	veneras	legeras	fueras
3.Sg.	rogaverat	riserat	venerat	legerat	fuerat
1.Pl.	rogaveramus	riseramus	veneramus	legeramus	fueramus
2.Pl.	rogaveratis	riseratis	veneratis	legeratis	fueratis
3.Pl.	rogaverant	riserant	venerant	legerant	fuerant

V3 Das Plusquamperfekt wird verwendet für Handlungen und Ereignisse, die in der Vergangenheit vor anderen Ereignissen abgeschlossen waren.

Quamquam piratae multos homines **necaverant**, pater Flaviae mortuus non erat.

Obwohl die Piraten viele Menschen **getötet hatten**, war Flavias Vater nicht tot.

V4 **Zusammensetzung von Verbformen** im Überblick

	Präsens- / Perfekt-stamm / stamm	Sprechvokal	Tempus-Zeichen	Person-Zeichen	Bestimmung
ludit	lud	i	–	t	3.Sg. **Präsens**
ludebamus	lud	–	eba	mus	1.Pl. **Imperfekt**
lusistis	lus	–	–	istis	2.Pl. **Perfekt**
luseras	lus	–	era	s	2.Sg. **Plusquamperfekt**

N1 Die lateinischen Personal-Pronomina
- sind „Vertreterwörter" und stehen für Personen (1., 2., 3. Sing., 1., 2., 3. Plur.).
- können dekliniert werden,
- stehen meist nur zur Verdeutlichung oder Betonung,
- haben auch einen Ablativ, der meist mit einer Präposition steht.

	1. Sg.		2. Sg.		1. Pl.		2. Pl.	
Nom.	ego	ich	tu	du	nos	wir	vos	ihr
Gen.	(kommt selten vor)							
Dat.	mihi	mir	tibi	dir	nobis	uns	vobis	euch
Akk.	me	mich	te	dich	nos	uns	vos	euch
Abl.	de me mecum	über mich mit mir	de te tecum	über dich mit dir	de nobis nobiscum	über uns mit uns	de vobis vobiscum	über euch mit euch

WS

scribere		movere	
placere		spectaculum	
servare		agere	
manere		dormire	
legere		desperare	

V1 Unterstreiche alle Plusquamperfektformen. Du findest sechs.

fuimus – scripserat – ridebant – properat – tenebas – servavisti – vendideram – cognoveratis – errant – egeramus – dat – iusseras – vocaverant – desperavit – erat

V2 **a** Trage die Stammformen ein und leite aus der 1. Sg. Perf. den Perfektstamm ab.

b Bilde die 3. Sg. Plusquamperfekt.

Infinitiv	1. Sg. Präs.	1. Sg. Perf.	→	Perfektstamm	3. Sg. Plqupf.
dicere	*dico*	*dixi*	→	*dix-*	*dixerat*
legere			→		
scribere			→		
movere			→		
videre			→		
audire			→		
colere			→		

c Konjugiere **tacere** in Präsens, Imperfekt, Perfekt und Plusquamperfekt.

	Präsens	Imperfekt	Perfekt	Plusquamperfekt
1. Sg.				
2. Sg.				
3. Sg.				
1. Pl.				
2. Pl.				
3. Pl.				

c Übersetze und trage die lateinischen Verbformen in das Kreuzworträtsel ein.

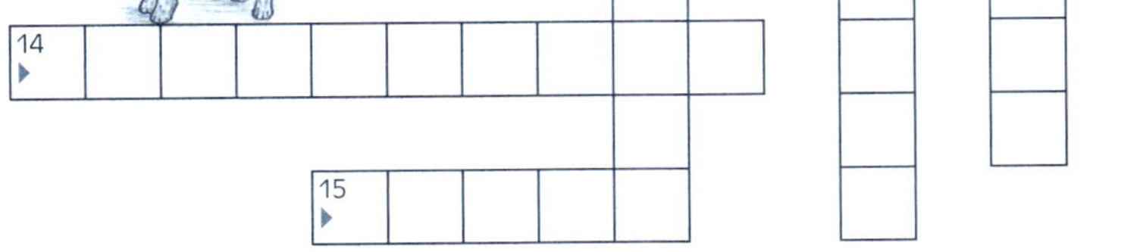

1. sie weinte
2. ihr habt gearbeitet
3. sie hatte verwandelt
4. (senkrecht) ihr kämpftet
4. (waagerecht) ich glaubte
5. du bemühtest dich
6. sie haben gekauft
7. ich hatte geschlafen
8. er liebt
9. sie hatten berührt
10. wir haben geschickt
11. du hast gerettet
12. sie leben
13. ich ziehe
14. wir waren geblieben
15. er hat gesagt

V3 Übersetze die lateinischen Plusquamperfektformen mit deutschen Plusquamperfektformen.

tacueras	______________	fueramus	______________
rogaveratis	______________	audiveram	______________
viderant	______________	legerat	______________
scripseram	______________	luserant	______________

V4 Zerlege die Verbformen in ihre Bestandteile und trage diese in die Spalten ein.

	Präsens-stamm	Perfekt-stamm	Sprechvokal	Tempus-Zeichen	Person-Zeichen
legunt	*leg*	–	*u*	–	*nt*
rogaveratis	–	*rogav*	–	*era*	*tis*
videbat					
audiunt					
traxerant					
dedisti					
dicitis					
vocabas					
dormivera-mus					
fuerant					

N1 Setze in der Antwort die passenden Formen des Personal-Pronomens ein und übersetze sie.

vos – ~~tibi~~ – te – mihi – nos – vobiscum

Da mihi epistulam! – Epistulam *tibi* iam dedi.
Ich habe dir den Brief schon gegeben.

1. Ubi fuistis? – Piratae ______ in insulam Cyprum abduxerunt.

______

2. Naviga nobiscum in insulam! – ______ in insulam navigare studeo.

______

3. Cur ad spectaculum non venisti? – Spectacula ______ non placuerunt.

______

4. Quid de me cognovisti? – De ______ nihil cognovi.

______

5. Domine, defende nos! – ______ semper defendi.

______

V1 den Infinitiv der Verben sicher **erkennen**

N1 den Akkusativ der Substantive sicher **erkennen**

S1 die lateinische Konstruktion AcI **erkennen** und ins Deutsche **übersetzen**

V1 Den **Infinitiv** der Verben erkennt man an dem Infinitiv-Zeichen **-re**.
Der Infinitiv ist die Grundform des Verbs, die erste Form der Stammformen.

veni**re**, venio, veni   mitte**re**, mitto, misi

N1 Übersicht über die Endungen des **Akkusativs**:

	o-Deklination		a-Dekl.	Kons. Dekl.	
	mask.	neutr.	(femin.)	m./f.	n.
Singular	**-um**	**-um**	**-am**	**-em**	*(wie Nom.)*
Plural	**-os**	**-a**	**-as**	**-es**	*(wie Nom.)*

S1 Im Lateinischen gibt es eine besondere Konstruktion, die **AcI** genannt wird.

A = Akkusativ   **c** = cum (mit)   **I** = Infinitiv

Akk. + Inf.

Quintus [asinum clamare] audit.

Quintus hört [den Esel schreien.]

Im AcI ist ausgedrückt, dass das Subjekt etwas hört, sieht, weiß, denkt, sagt usw.

Den AcI kann man aber nur in wenigen Sätzen wie im Beispielsatz auch im Deutschen mit einem Akkusativ und einem Infinitiv „nachmachen". Meistens braucht man für die Übersetzung einen **„dass"-Satz**:

Quintus hört, [**dass** der Esel schreit].

Die Einleitung „dass" ergänzt man im Deutschen, im lateinischen Satz findet sich dafür kein eigenes Wort.

Der AcI ist wie ein Satz im Satz.
- Er hat ein **Nomen im Akkusativ**, die „handelnde Person"; daraus wird im deutschen dass-Satz das Subjekt.
- Und er hat ein **Verb im Infinitiv**, die „Handlung"; daraus wird im deutschen dass-Satz das Prädikat.

Akk. + Inf.

<u>Pater</u> [**Quintum** in foro **ludere**] <u>scit</u>.

↓ ↓

<u>Der Vater</u> <u>weiß</u>, **dass** [**Quintus** auf dem Forum **spielt**] .

Subjekt *Prädikat*

Deshalb wird der Akkusativ des AcI auch „Subjektsakkusativ" und der Infinitiv des AcI auch „Prädikatsinfinitiv" genannt.

WS

gaudere	______	periculum	______
scire	______	cognoscere	______
iubere	______	putare	______
fur	______	sentire	______
corpus	______	audire	______

V1 Suche die zehn Infinitive heraus. Wenn du die kursiv gedruckten Buchstaben in den Infinitiven hintereinander schreibst, ergibt sich noch ein Infinitiv: __ __ __ __ __ __ __ __ __ __

Überlege immer, was du als Lernform abgespeichert hast.

a*m*ore – ard*o*re – vale*r*e – tim*e*re – *c*orpore – *s*tatuere – num*i*ne – cer*t*e – o*p*primere – it*i*nere – *c*eteri – m*o*vere – qu*a*re – impo*n*ere – e*d*ere – mi*s*era – qua*e*rere – mitte*r*e – dar*e* – *m*are

N1 **a** Streiche die Endungen weg, die keine Akkusativformen sind, und übertrage die richtigen Endungen in die Tabelle.

	o-Dekl.		a-Dekl.	Kons. Dekl.	
	m.	n.		m. + f.	n.
Akk. Sg.					wie Nom. Sg.
Akk. Pl.					

-um	-ibus	-as
-is	-os	-ae
-es	-a	-um
-i	-am	-em
-orum	-a	-us

b Unterstreiche die Akkusative im Singular und Plural mit verschiedenen Farben; du findest von jedem Numerus fünf.

Führe die Formen auf die Lernform zurück, um ihre Deklination und damit ihren Kasus richtig zu erkennen.

pugnam – reges – hominem – reginae – vita – servitus – montibus – aquas – corpus – furi – vitia – oculum – dominorum – oppidum – tempestas – iudicis – populos – patre – capita – insularum

S1 **a** Diese lateinischen Verben stehen mit einem AcI. Schreibe ihre Bedeutung auf.

dicere	______	respondere	______
audire	______	videre	______
putare	______	sentire	______
legere	______	scribere	______
cognoscere	______	scire	______
gaudere	______	iubere	______

b Übersetze die Sätze mit AcI. Der Akkusativ im AcI ist rot gekennzeichnet, er wird Subjekt des deutschen dass-Satzes; der Infinitiv ist unterstrichen, er wird Prädikat.

im deutschen dass-Satz

1. *Quintus* amicos in foro ludere *scit.*

Quintus weiß, **dass** ____________________
Subjekt Prädikat

2. Dominus fures in villam invadere *sentit.*

Der Herr merkt, **dass** ____________________
Subjekt Prädikat

3. Homines deos semper auxilium dare *putant.*

Die Menschen glauben, **dass** ____________________
Subjekt Prädikat

4. Nautae ventum nunc secundum esse *vident.*

Die Seemänner sehen, **dass** ____________________
Subjekt Prädikat

5. Serva hospites iam venire *dixit.*

Die Sklavin hat gesagt, **dass** ____________________
Subjekt Prädikat

6. Medicus virum sine mente iacere *cognovit.*

Der Arzt hat erkannt, **dass** ____________________
Subjekt Prädikat

c Klammere alle Wörter ein, die zum AcI gehören, und übersetze die Sätze.

Dominus [servos bene laborare] videt. *Der Herr sieht, dass die Sklaven gut arbeiten.*

1. Dominus servos in foro ambulare scit. ____________________

____

2. Medicus matronam in periculo non iam esse gaudet. ____________________

____

3. Romani deos deasque hominibus auxilium dare putabant. ____________________

____

4. Homines laetos semper ridere audivi. ____________________

d Vervollständige die lateinischen Sätze, indem du passende Formen aus dem Angebot unten auswählst.

Unterstreiche	im Lateinischen	im Deutschen
mit Rot:	den Subjektsakkusativ	das Subjekt des dass-Satzes
mit Blau:	den Prädikatsinfinitiv	das Prädikat des dass-Satzes

1. noctem – nocte
   appropinquant – appropinquare
2. saxis – saxa
   iacere – iecerunt
3. patri – patrem
   clamo – clamare
4. Quintum – Quintus
   maesta erat – maestum esse
5. amicos – amicum
   sedemus – sedere
6. patribus – patrem
   administrat – administrare

1. Der Vater sagt, dass die Nacht sich schon nähere.

Pater [Subjektsakkusativ] iam [Prädikatsinfinitiv] dicit.

2. Plötzlich sehen die Sklaven, dass Steine auf der Straße liegen.

Subito servi [Subjektsakkusativ] in via [Prädikatsinfinitiv] vident.

3. Quintus hört, dass sein Vater mit lauter Stimme schreit.

Quintus [Subjektsakkusativ] magna voce [Prädikatsinfinitiv] audit.

4. Der Vater spürt nicht, dass Quintus traurig ist.

Pater [Subjektsakkusativ] [Prädikatsinfinitiv] non sentit.

5. Flavia hofft, dass ihr Freund neben dem Großvater sitzt.

[Subjektsakkusativ] iuxta avum [Prädikatsinfinitiv] Flavia sperat.

6. Der Kaiser hat befohlen, dass Quintus` Vater die Provinz verwaltet.

[Subjektsakkusativ] Quinti provinciam [Prädikatsinfinitiv] imperator iussit.

N1 zwei Gruppen der Adjektive **unterscheiden**

N2 KNG-Kongruenz zwischen Substantiven und Adjektiven **erkennen**

N3 Possessiv-Pronomen **erkennen, bilden** und **übersetzen**

N4 das reflexive Personal-Pronomen (se) der 3. Pers. **erkennen**

S1 AcI mit Pronomen als Subjektsakkusativ **erkennen und übersetzen**

N1 Bei den Adjektiven gibt es zwei Gruppen:

Adjektive	der a-/o-Dekl. mask., fem., neutr.	der **Konsonantischen Dekl.** (Mischdekl.) mask., fem., neutr.
Beispiele:	magnus, magna, magnum miser, misera, miserum	acer, acris, acre felix, felix, felix

N2 Die Adjektive der Kons. Dekl. werden ähnlich wie die Substantive dekliniert.
Beispiele für maskulin und neutrum:

	Singular		Plural	
Nom.	victor **felix**	verbum acre	victores felices	verba acria
Gen.	victoris felic**is**	verbi acris	victorum felic**ium**	verborum acr**ium**
Dat.	victori felici	verbo acri	victoribus felic**ibus**	verbis acr**ibus**
Akk.	victorem felic**em**	verbum acre	victores felic**es**	verba acr**ia**
Abl.	victore felici	verbo acri	victoribus felic**ibus**	verbis acr**ibus**

N3 Das **Possessiv-Pronomen** (besitzanzeigendes Fürwort; das Pronomen, das angibt, wem etwas gehört) wird im Lateinischen ähnlich wie im Deutschen verwendet.
Für jede Person, den „Besitzer“, gibt es eins:

ich – mein	du – dein	er, sie, es – sein, ihr, sein	wir – unser	ihr – euer	sie – ihr
meus	tuus	suus, -a, -um	noster	vester	suus

Sie werden in allen drei Genera (m. f. n.) dekliniert, weil sie sich dem „Besitz“ anpassen (KNG-Kongruenz):
equus tuus, cum equo tuo – dein Pferd, mit deinem Pferd

Sie werden wie die Adjektive der a-/o-Dekl. (**-us, -a, -um**) dekliniert.

N4 Die dritte Person (Sg. und Pl.) verwendet ein eigenes Pronomen, wenn sie etwas „über sich selbst“ ausdrücken will: das Reflexiv-Pronomen.

Eum videt. (z. B. Quintus sieht Aulus.)
Er sieht **ihn**.

Se videt. (z. B. Quintus sieht sich selbst.)
Er sieht **sich**.

Nom.	–	–
Gen.	*(selten)*	*(selten)*
Dat.	sibi	sich
Akk.	se	sich
Abl.	de se, secum	über sich, mit sich

S1 Beim AcI kann auch ein **Pronomen als Subjektsakkusativ** auftreten.
Pater **me** in foro esse scit. Vater weiß, dass **ich** auf dem Forum bin.

Wenn das Reflexiv-Pronomen „se“ Subjektsakkusativ ist, ist damit immer das Subjekt des Satzes, in dem der AcI steht, gemeint.

<u>Pater</u> **se** hodie in foro esse dixit. <u>Vater</u> sagte, dass **er** heute auf dem Forum sei.
<u>Amici</u> **se** in foro ludere clamant. <u>Die Freunde</u> rufen, dass **sie** auf dem Forum spielen.

WS

narrare ______________ noster ______________

felix ______________ brevis ______________

timere ______________ cura ______________

acer ______________ vester ______________

liber ______________ gravis ______________

N 1 Unterstreiche alle Adjektive, die zur Konsonantischen Deklination gehören.

acer, acris, acre – altus, alta, altum – asper, aspera, asperum – brevis, brevis, breve – dexter, dextra, dextrum – facilis, facilis, facile – felix, felix, felix – gravis, gravis, grave – humanus, humana, humanum – liber, libera, liberum – magnus, magna, magnum – mortalis, mortalis, mortale – novus, nova, novum – omnis, omnis, omne – primus, prima, primum – pulcher, pulchra, pulchrum

N 2 Bestimme Kasus, Numerus und Genus des Substantivs und suche das dazu passende Adjektiv heraus.

bonam – felix – alti – pulchra – longo – magnum – breve – magnos – graves – liberorum – pulchrum – acria – brevis – magnus – gravibus – pulchris – felicis

Abl. Sg. f. in urbe *pulchra* ______________ consulis ______________

______________ deos ______________ ______________ hominum ______________

______________ matrem ______________ ______________ vir ______________

______________ montes ______________ ______________ verba ______________

______________ tempus ______________ ______________ in itinere ______________

______________ curis ______________ ______________ oppidum ______________

N 3 a Dekliniere.

Bilde zunächst alle Formen des Substantivs, dann die des Pronomens. Achte dabei auf die unterschiedlichen Deklinationen bzw. Endungen.

	Singular	Plural
Nom.	frater meus	
Gen.	*fratris mei*	
Dat.		
Akk.		
Abl.		

	Singular	Plural
Nom.	iter nostrum	
Gen.	*itineris nostri*	
Dat.		
Akk.		
Abl.		

b Sortiere die Verbindungen aus dem Kasten in die Tabelle ein und übersetze:

tua amica – ~~in epistula mea~~ – in villa nostra – in nave vestra – vester canis – tuum vitium – cum meis fratribus – gladii mei – agrum nostrum – auxilio tuo – pater noster – curas vestras

mein	dein	unser	euer
in epistula mea – in meinem Brief			

c Wandle die Sätze um und verwende dabei das Possessiv-Pronomen der 3. Person. Übersetze die Sätze.

Meum equum incito. Eques *suum equum* incitat.
Der Reiter treibt sein Pferd an.

1. Mea verba audio. Orator ________________ audit
____

2. Meum gladium sumo. Victores ________________ sumunt.
____

3. Meae matri donum do. Amica ________________ donum dat.
____

4. Meos fratres amo. Consul ________________ amat.
____

N4 Unterstreiche das Reflexiv-Pronomen und die Person, für die es im Satz steht, und übersetze.

Serva sibi et dominae cenam parat. *Die Sklavin bereitet für sich und für die Herrin das Essen vor.*

1. Nunc patronus tacet et reus pro se dicit. ________________

2. Flavia se vertit in amicum. ________________

3. Nautae se ex periculis servaverunt. ________________

S1 Unterstreiche in jedem AcI den Akkusativ und den Infinitiv und übersetze alle Sätze.

In den Sätzen b und c steht ein Pronomen im Akkusativ.

1. Amici: „Quintus Flaviam amat."

a Amici narrant Quintum Flaviam amare.

b Quintus: „Amici narrant me Flaviam amare."

c Mater ad Quintum: „Amici narrant te Flaviam amare".

2. Consul putat: Senatores pericula timent.

a Consul senatores pericula timere putat.

b Consul ad senatores: „Vos pericula timere puto."

c Senatores: „Consul nos pericula timere putat."

3. Nautae piratas non timent.

a Audivi nautas piratas non timere.

b Nautae se piratas non timere dicunt.

c Nautae: „Audivistine nos piratas non timere?"

4. Flavia libera puella nata est.

a Galla dicit: „Flaviam liberam puellam esse scio."

b Flavia clamat: „Quis me liberam puellam esse ignorat?"

c Flavia Quinto se nunc servam esse scribit.

N1 das Personal-Pronomen **is, ea, id deklinieren**

N2 zwei Arten des Possessiv-Pronomens (reflexiv/nicht reflexiv) **unterscheiden**

V1 den Infinitiv Perfekt **erkennen** und **bilden**

S1 Zeitverhältnisse (gleichzeitig/vorzeitig) im AcI **unterscheiden**

N1 Die Personal-Pronomina lauten im Nominativ:

1. Sg.	2. Sg.	3. Sg.	1. Pl.	2. Pl.	3. Pl.
ego	tu	is, ea, id	nos	vos	ii, eae, ea
ich	du	er/sie/es	wir	ihr	sie

Im Lateinischen gibt es bei der 3. Person Plural für jedes Genus eine eigene Form.

	Singular			Plural		
	m	f	n	m	f	n
Nom.	is	ea	id	ii (ei)	eae	ea
Gen.	eius	eius	eius	eorum	earum	eorum
Dat.	ei	ei	ei	eis (iis)	eis (iis)	eis (iis)
Akk.	eum	eam	id	eos	eas	ea
Abl.	eo	ea	eo	eis (iis)	eis (iis)	eis (iis)

(Die Formen in Klammern können auch vorkommen, also iis statt eis.)

N2 Die Genitiv-Formen von is, ea, id: **eius / eorum, earum** haben eine weitere Funktion als Possessiv-Pronomen. Diese Formen und das Possessiv-Pronomen suus, -a, -um zeigen unterschiedliche „Besitzer" an.

Formen von suus, sua, suum	zeigen an, dass der „Besitzer" das Subjekt des Satzes ist. (reflexiv)	Quintus amicos suos salutat.	Quintus grüßt seine (eigenen) Freunde.
eius/eius/eius eorum/earum/ eorum	zeigen an, dass der „Besitzer" jemand anderes als das Subjekt des Satzes ist. (nicht reflexiv)	Et Marcus eius amicos salutat.	Auch Marcus grüßt seine/dessen Freunde. (die des Quintus)

V1 Der **Infinitiv Perfekt** ist an dem Zeichen **-isse** zu erkennen.
Die Form ist zusammengesetzt aus Perfektstamm +isse.

clamav+isse – clamavisse
tacu+isse – tacuisse

S1 Im AcI geben der **Infinitiv Präsens** und der **Infinitiv Perfekt** ein **Zeitverhältnis** an.

Infinitiv Präsens	Die „Handlung" des AcI und die des Prädikats finden **gleichzeitig** statt.	Quintus **cognoscit** Flaviam in Gallia **esse**. Quintus **erfährt**, dass Flavia in Gallien ist.
Infinitiv Perfekt	Die „Handlung" des AcI ist vor der des Prädikats abgeschlossen: **vorzeitig**.	Flavia ei **scribit** piratas matrem **abduxisse**. Flavia **schreibt** ihm, dass Piraten ihre Mutter **entführt haben**.

WS

salutare	______________	colere	______________
labor	______________	quaerere	______________
pulcher	______________	imponere	______________
ambulare	______________	convenire	______________
invadere	______________	urbs	______________

N1

a Sortiere die Formen von is, ea, id aus dem Kasten in die Tabelle ein. Eine Form fehlt. Welche? ☐

is – eorum – eis – ea – eis – id – eius – ei – eo – eam – eo – ii – earum – eis – ea – ei – eum – eae – eis – eas – ea – eius – eorum – eius – ea – ei – eis – eos – id

	Singular			Plural		
	m	f	n	m	f	n
Nom.						
Gen.						
Dat.						
Akk.						
Abl.						

b Unterstreiche das Personal-Pronomen im Deutschen und schreibe das entsprechende lateinische Personal-Pronomen dazu.

vos – mecum – eas – nos – mihi – eum – eis – nos – nobis – te

Gib mir das Buch! *mihi*

1. Sie fragt uns. ______________
2. Ich hole ihn ab. ______________
3. Das waren wir, nicht ihr! ______________
4. Wer geht mit mir? ______________
5. Wo sind die Mädchen, wer sieht sie? ______________
6. Verzeiht uns! ______________
7. Deine Brüder rufen dich, antworte ihnen. ______________, ______________

c Ersetze die unterstrichenen Nomen durch Formen des Personal-Pronomens is, ea, id.

1. Consul servum vocat et <u>servo</u> epistulam dat. ______________
2. Quintus amicos convenit et cum <u>amicis</u> per forum ambulat. *cum* ______________
3. Flavia Quintum quaerit et <u>Quintum</u> in foro ambulare videt. ______________
4. Domina servas vocat et <u>servis</u> labores imponit. ______________
5. Piratae nautas invadunt et <u>nautas</u> in mare praecipitant. ______________

Achte genau auf Kasus, Numerus und Genus des Nomens.

N2

a Ordne das Possessiv-Pronomen zu:

reflexiv: suus, sua, suum → „Besitzer" ist Subjekt

nicht reflexiv: eius/eorum, earum → „Besitzer" ist jemand anderes als das Subjekt des Satzes

canem suum / canem eorum – verba sua / verba eius – matrem suam / matrem eius – in villa sua / in villa earum

Flavia besucht <u>ihre Freundinnen</u>.	*amicas suas*	Quintus kennt <u>ihre Freundinnen</u> nicht.	*amicas eius*
1. Die Freundinnen sind <u>in ihrem Haus</u>.	___	Flavia besucht sie <u>in ihrem Haus</u>.	___
2. Der Kaiser grüßt seine Mutter.	___	Auch das Volk grüßt seine Mutter.	___
3. Die Freunde suchen ihren Hund.	___	Quintus findet ihren Hund.	___
4. Der Redner trägt seine Worte vor.	___	Die Menschen hören seinen Worten zu.	___

b Wer ist der Besitzer? Übersetze und markiere im lateinischen und deutschen Satz den „Besitzer" des unterstrichenen „Besitzes".

1. Senatores consules et <u>amicos</u> eorum salutant.

___

2. Servi cum domino per urbem currunt et <u>asinum</u> eius quaerunt.

___

___

3. Primo piratae navem nautarum invadunt, tum homines in <u>navem</u> suam abducunt.

___

___

V1

Ergänze die Stammformen, leite den Perfektstamm ab und bilde den Infinitiv Perfekt.

Infinitiv Präsens	1. Sg. Präs.	1. Sg. Perf.	Perfekt-Stamm	Infinitiv Perfekt
opprimere	opprimo	*oppressi*	*oppress-*	*oppressisse*
	teneo			
	mitto			
	clamo			
	narro			
	video			

S1 **a** Übersetze die Sätze mit AcI. Beachte, dass im AcI der Infinitiv Perfekt steht.
Das bedeutet, dass die Ereignisse abgeschlossen (vorzeitig) und mit Perfekt zu übersetzen sind.

Hodie legimus … — Heute lesen wir,

1. filios Priami regis in Graecia fuisse. — dass ______________________

2. Helenam in Troiam navigavisse. — dass ______________________

3. omnes feminam pulchram amavisse. — dass ______________________

4. Graecos Troianos invasisse. — dass ______________________

b Unterstreiche den Infinitiv des AcI und schreibe GZ (gleichzeitig) über den Infinitiv Präsens oder VZ (vorzeitig) über den Infinitiv Perfekt. Beachte beim Übersetzen das Zeitverhältnis:

GZ: Inf. Präsens → übersetze mit Präsens
VZ: Inf. Perfekt → übersetze mit Perfekt.

Populum Romanum quondam multos deos coluisse (VZ) legimus.

Wir haben gelesen, dass das römische Volk einst viele Götter verehrt hat.

1. Multos homines nunc unum deum solum colere scimus.

____

2. Amici Quintum Flaviam amare narrant.

____

3. Cognovi Quintum Flaviam amavisse.

____

4. Audivi amicos meos in foro esse.

____

5. Te in foro non fuisse audivi.

____

Ü11 Wie erkennt man die typisch lateinische Konstruktion **AcI**? Diese drei „Spuren" muss man verfolgen:

- **Spur 1**: Gibt es einen Infinitiv?
- **Spur 2**: Gibt es ein Nomen im Akkusativ?
- **Spur 3**: Gibt es als Prädikat ein Verb, von dem ein AcI abhängen kann?

Spur 1: Einen **Infinitiv** erkennt man leicht an seiner Form:

Infinitiv Präsens – gleichzeitig	**Infinitiv Perfekt** – vorzeitig
rog**are**	rogav**isse**

Spur 2: Einen **Akkusativ** erkennt man leicht an seiner Endung (Übersicht → Lektion 14 ▪ Info **N1**)

Spur 3: **Verben, von denen ein AcI abhängen kann**, sind Verben des Sagens, Meinens, Wahrnehmens usw. Folgende „AcI-Verben" kennst du bisher:

clamare – placere – apparet – gaudere – audire – iubere – respondere – videre – dicere – legere – sperare – putare – cognoscere – scribere – scire – sentire – iudicare – promittere – narrare

<u>Eine</u> Spur reicht nicht aus und Spur 1 und 2 müssen zusammen einen Sinn ergeben:

- Das Nomen im Akkusativ (der Subjektsakkusativ) führt die Handlung aus, die im Infinitiv (dem Prädikatsinfinitiv) angegeben ist.
- Deshalb prüfe ein Nomen im Akkusativ genau, denn es könnte auch Objekt sein oder nach einer Präposition stehen.
- Die Informationen aus Spur 1 und Spur 2 müssen zusammen eine Antwort auf die Frage „Was?" bieten, die von Spur 3 aus gestellt wird (z. B.: *Was schreibt er? Was sehe ich? Was sagen sie?*).

Schreibe diese Verben als Vokabelliste mit Stammformen und deutscher Bedeutung auf und übe sie. Achte darauf: Diese „AcI-Verben" stehen meist am Ende des Satzes, nach dem AcI.

Beispiel: Avus consules[2] in foro sedere[1] narrat[3].

Spur 1	Infinitiv	sedere	ergeben zusammen Sinn: *die Konsuln … sitzen*
Spur 2	Akkusativ	consules	
Spur 3	„AcI-Verb"	narrat	*Was erzählt er?* → *… dass die Konsuln … sitzen*

1. In drei dieser Sätze steht kein AcI. Begründe mit den fehlenden „Spuren".

	AcI ? Ja	**Nein**	**wenn Nein: Welche „Spur" fehlt?**
1. Dominus clamorem servi audit.	○	○	______________________
2. Servus furem venire clamat.	○	○	______________________
3. Asino non licet ante villam stare.	○	○	______________________
4. Nautae navem invadere parant.	○	○	______________________
5. Puto Flaviam adhuc vivere.	○	○	______________________

Übersetze die beiden Sätze mit AcI. Zum Vorgehen beim Übersetzen von Sätzen → S. 22 (**SÜS**).

____

____

2. Übersetze die folgenden Sätze. **Achtung:** In einem Satz steht kein AcI.

Markiere den AcI, indem du Subjektsakkusativ und Prädikatsinfinitiv mit der gleichen Farbe unterstreichst und den gesamten AcI einklammerst.

Bsp.: Quintus amico
[Flaviam nunc in Gallia apud Aufidium vivere] narrat.
Quintus erzählt seinem Freund,
dass Flavia jetzt in Gallien bei Aufidius lebt.

1. Apud Homerum legimus deos Troianis auxilium dedisse.

2. Venus dea, ubi audivit Paridem Helenam e Sparta abduxisse, valde gaudebat.

3. Nam eam feminam inter omnes pulcherrimam[1] esse sciebat.

1 pulcherrima: die schönste

4. Et Venus Paridi iuveni feminam omnium pulcherrimam[1] promiserat.

5. Itaque Paris deam amoris Troiam defendere putavit.

Ü 12

Personal-Pronomen als **Subjektsakkusativ des AcI** werden so übersetzt:

1.Sg.: **me** – dass **ich** …	1.Pl.: **nos** – dass **wir** …
2.Sg.: **te** – dass **du** …	2.Pl.: **vos** – dass **ihr** …
3.Sg.: **eum/eam/id** – dass **er/sie/es** …	3.Pl.: **eos/eas/ea** – dass **sie** …
se (reflexiv) – dass **er/sie/es** …	**se** (reflexiv) – dass **sie** …

In diesen Sätzen ist ein Personal-Pronomen Subjektsakkusativ des AcI. Übersetze.

1. Flavia ad Gallam: „Nos in Gallia esse scripsi.“

2. Flavia se nunc servam esse scribit.

3. Galla eam civem Romanam esse scit.

N1 das Interrogativ-Pronomen in allen Kasus **erkennen** und **übersetzen**
V1 die Formen des Futur I der Verben **erkennen**
V2 die Formen des Futur I der Verben **bilden**
V3 Futur I **übersetzen**
V4 Verbformen an ihren Bestandteilen **erkennen**

N1

Das **Interrogativ-Pronomen** (Fragepronomen) „**quis**" wird dekliniert.

Nom.	quis?	quid?	wer?	was?
Gen.	cuius?		wessen?	
Dat.	cui?		wem?	
Akk.	quem?	quid?	wen?	was?
Abl.	de quo? /		über wen? worüber? / mit wem?	

V1

Das **Futur I** erkennst du an seinen Tempus-Zeichen:

		Präsensstamm	Tempus-Zeichen	Sprechvokal	Person-Zeichen	
a- e- Konj.	1. Sg.:	clama	**b**	–	o	ich werde rufen
	2. Sg … 2. Pl.	clama	**b**	i	s, t, mus, tis	du wirst rufen usw.
	3. Pl.	clama	**b**	u	nt	sie werden rufen
Kons. i- Konj.	1. Sg.:	leg	**a**	–	m	ich werde lesen
	2. Sg … 3. Pl.	leg	**e**	–	s, t, mus, tis, nt	du wirst lesen usw.

V2

Futur	a-Konj.	e-Konj.	i-Konj.	Kons. Konj.	esse
Infinitiv	**rogare**	**ridere**	**venire**	**legere**	**esse**
1. Sg.	rogabo	ridebo	veniam	legam	ero
2. Sg.	rogabis	ridebis	venies	leges	eris
3. Sg.	rogabit	ridebit	veniet	leget	erit
1. Pl.	rogabimus	ridebimus	veniemus	legemus	erimus
2. Pl.	rogabitis	ridebitis	venietis	legetis	eritis
3. Pl.	rogabunt	ridebunt	venient	legent	erunt

i- / Kons. Konj:
K
a
m
e
e
e
e
e l
-Futur

a-/ e-Konj.:
bo -
bi -
bu -
Futur

V3

Das Futur I steht im Lateinischen bei Ereignissen oder Handlungen in der **Zukunft**.
Vos servabimus. — Wir werden euch retten.

Im Deutschen verwenden wir oft das Präsens, wenn das Zukünftige klar ist:
Mox tibi scribam. — Bald schreibe ich dir.

V4

	Präsensstamm /	Perfektstamm	Sprechvokal	Tempus-Zeichen	Person-Zeichen	Bestimmung
ludit	lud		i	–	t	3. Sg. **Präsens**
ludebamus	lud		–	eba	mus	1. Pl. **Imperfekt**
ludent	lud		–	e	nt	3. Pl. **Futur I**
lusistis		lus	–	–	istis	2. Pl. **Perfekt**
luseras		lus	–	era	s	2. Sg. **Plusquamperfekt**

WS

scribere ______________________ orare ______________________

sedere ______________________ exstruere ______________________

agere ______________________ opprimere ______________________

debere ______________________ iacere ______________________

legere ______________________ tradere ______________________

N1

Lies die Sage „Theseus und der Minotaurus". Unterstreiche in den folgenden Fragen das Interrogativ-Pronomen, übersetze es und setze die vorgegebenen Antworten ein.

Der griechische Sagenheld Theseus kämpfte mit vielen Ungeheuern und tötete auch den Minotaurus. Dieser war ein seltsames Wesen, halb Mensch, halb Stier. Er fraß Menschen und wurde deshalb auf der Insel Kreta in einem Labyrinth gefangen gehalten, das der Erfinder und Baumeister Daedalus erbaut hatte. Die Tochter des König Minos, Ariadne, hatte sich in Theseus verliebt und gab ihm einen Faden (**filum**) mit in das Labyrinth, sodass er den Ausgang wieder finden konnte, nachdem er den Minotaurus getötet hatte.

Quocum Theseus pugnavit? *Mit wem ...?...* – *mit vielen Ungeheuern*

1. Cui Ariadne filum dedit? ______________ – ______________________
2. Quem Theseus necat? ______________ – ______________________
3. Cuius filia Ariadne fuit? ______________ – ______________________
4. Quis Labyrinthum exstruxit? ______________ – ______________________
5. Quid Minotaurus agere solebat? ______________ – ______________________

Minos – Minotaurus – Daedalus – ~~viele Ungeheuer~~ – Menschen fressen – Theseus

V1

a Hier findest du sieben Futurformen mit „b".
Unterstreiche sie. Welche Form mit „b" ist kein Futur? ______________

timebo – miserunt – nonnumquam – negabunt – videbimus – tradetis – trahunt – promittis – parebitis – fuerat – errabit – habebo– narrabis – sapientiam – scribunt

b Die Hälfte dieser Verbformen sind Futurformen mit „b", die andere Hälfte Imperfektformen mit „ba", Markiere sie mit verschiedenen Farben.

dabit – terrebam – dabatis – orabamus – studebimus – curabo – orabimus – errabat – mittebant – iacebunt – flebat – scribebamus – orabunt – videbo – timebit – putabat

c Sechs Verbformen stehen in der 1. Pers. Sg. Fut., gebildet mit „a". Unterstreiche sie.

cadam – debebam – miseram – quaeram – rogabam – sentiam – ducam – audiebam – veniam – timueram – riseram – ponam – narrabam – duxeram

d Hier findest du fünf Futurformen mit „e". Unterstreiche sie.

leget – agemus – pontes – mores – audient – tenere – ingens – scribes – petent

e In diesen Formen hat das „e" unterschiedliche Bedeutung: Futur der Kons. Konj. und Präsens der e-Konj. Sortiere sie richtig zu. Trage Infinitiv und 1. Sg. Präs. in die Tabelle ein.

paret – ludemus – tradent – timet – aget – manemus – dices – vivent – movent – fles

e-Konj.: Präsens	Infinitiv, 1. Sg.	Kons. Konj.: Futur I	Infinitiv, 1. Sg.
paremus	*parere, pareo*	*ludemus*	*ludere, ludo*

V2

a Konjugiere im Futur:

	tacere	audire	esse
1.Sg.	tacebo V.	audi~~bo~~am	~~sum~~ ero
2.Sg.	~~tacebit~~ tacebis V.	audi~~bis~~es	~~es~~ eris
3.Sg.	tacebit V.	audi~~bit~~et	~~est~~ erit
1.Pl.	tacebimus V.	audi~~bimus~~emus	~~sumus~~ erimus
2.Pl.	tacebitis V.	audi~~bitis~~etis	~~estis~~ eritis
3.Pl.	tacebunt V.	audi~~bunt~~ent	~~sunt~~ erunt

b Bilde die Futur I-Formen der folgenden Verben.

	1. Sg.	3. Sg.	3. Pl.
navigare	navigabo V.	navigabit V.	navigabunt V.
agere	ag~~ebo~~am	ag~~ebit~~ aget	ag~~ebunt~~ agent
dormire	dormi~~ebo~~ dormiam	dormie~~[illegible]~~t	dormie~~[illegible]~~nt
sedere	sedebo V.	sedebit V.	sedebunt
esse	~~sum~~ ero	~~est~~ erit	~~sunt~~ erunt

V3 **a** Ergänze:

Das Futur I verwendet man im Lateinischen bei Ereignissen oder Handlungen, die ______________________

____________ liegen. Im Deutschen verwenden wir oft einfach nur ______________________________

besonders, wenn Zeitangaben vorkommen, die auf die Zukunft hinweisen.

b Übersetze die lateinischen Futurformen mit deutschen Futurformen.

tacebitis: ______________________ vives: ______________________

erimus: ______________________ vocabit: ______________________

narrabunt: ______________________ liberabo: ______________________

scribam: ______________________ ducent: ______________________

V4 Zerlege die Verbformen in ihre Bestandteile, trage diese in die Spalten ein und übersetze die gegebene Form ins Deutsche.

	Präsens-stamm	Perfekt-stamm	Sprech-vokal	Tempus-Zeichen (+ Sprechvokal)	Person-Zeichen	Übersetzung
legent	*leg*	–	–	*e*	*nt*	*sie werden lesen*
rogavistis	–	*rogav*	–	–	*istis*	*ihr habt gefragt*
tradideramus	trad	–	a	–	ramus	
orabunt	–	–	a			
sedeo						
opprimebam	–	–				
credunt						
miseras						
interrogavit						
ludemus						
putabat	–	puta				
parabo	–	–				

V1	die Formen des unregelmäßigen Verbs **ire** **erkennen** und **bilden**
N1	die Verwendungsmöglichkeiten des Pronomen **is, ea, id** **unterscheiden**
N2	die Formen des Relativ-Pronomens **erkennen** und es **deklinieren**
S1	das Relativ-Pronomen im Relativsatz **erklären** und **übersetzen**

V1 Beim **Verb ire, eo, ii** – gehen gibt es zwei Unregelmäßigkeiten:

Präsens: Stamm ist e-, wenn das Person-Zeichen danach mit Vokal beginnt.

Perfekt: Bei der 2. Pers. Sg. u. Pl. verschmelzen zwei i.

	Präsens	Perfekt
1. Sg.	eo	ii
2. Sg.	is	īsti
3. Sg.	it	iit
1. Pl.	imus	iimus
2. Pl.	itis	īstis
3. Pl.	eunt	ierunt

N1 Das **Pronomen is, ea, id** wird verwendet als

Personal-Pronomen	Demonstrativ-Pronomen	Possessiv-Pronomen
„vertritt" die 3. Pers. Sg. und Pl.	weist auf jemanden oder etwas hin	gibt bei Nicht-Reflexivität der 3. Pers. den Besitzer an
Eum vidi. *Ich habe ihn gesehen.*	Eum virum vidi. *Ich habe diesen Mann gesehen.*	Filium eius vidi. *Ich habe seinen / dessen Sohn gesehen.*

N2 Das **Relativ-Pronomen** hat wie im Deutschen für jedes Genus eine Form und wird dekliniert.

	Singular			Plural		
	m.	f.	n.	m.	f.	n.
Nom.	qui	quae	quod	qui	quae	quae
Gen.	cuius	cuius	cuius	quorum	quarum	quorum
Dat.	cui	cui	cui	quibus	quibus	quibus
Akk.	quem	quam	quod	quos	quas	quae
Abl.	quo	qua	quo	quibus	quibus	quibus

S1 Das **Relativ-Pronomen** leitet wie im Deutschen einen **Relativsatz** ein.
Der **Relativsatz** gibt nähere Auskunft über ein Wort, das meistens direkt vor dem Relativsatz steht (sein „**Bezugswort**").

- Das Relativ-Pronomen ist mit dem Bezugswort in **Numerus und Genus gleich**.
- Im Relativsatz ist das Relativ-Pronomen ein Satzglied, z. B. das Akkusativ-Objekt.
- Nach der Funktion, die es im Relativsatz hat, richtet sich sein Kasus, z. B. Akkusativ.

Bezugswort: Sg., f.	**Akk.** Sg. f. **Akk**-Objekt		
Lepidus nihil de <u>uxore</u>,	**quam**	piratae abduxerunt,	comperit.
Lepidus erfährt nichts über seine <u>Frau</u>,	**die**	die Piraten entführt haben.	

WS

rex	______	praecipitare	______
oppidum	______	auxilium	______
ire	______	saepe	______
pugna	______	explanare	______
tempus	______	petere	______

V1

a Ordne die lateinischen Formen zu.

ierat – ibis – ite – it – eo – ibamus – imus – iit – istis

ich gehe: ______ wir gehen: ______

geht!: ______ wir gingen: ______

du wirst gehen: ______ er geht: ______

er war gegangen: ______ ihr seid gegangen: ______

sie ist gegangen: ______

b Übersetze die Formen von ire ins Deutsche. Achte auf die Zusammensetzung der Form.

ibam: ______ ieramus: ______

i!: ______ ibo: ______

eunt: ______ iimus: ______

is: ______ ii: ______

ibat: ______ ibimus: ______

c Unterscheide, ob die unterstrichene Form von ire oder von is, ea, id kommt. Unterstreiche dazu das Prädikat rot und übersetze die Sätze.

1. Quinte, quo is? ______
2. Cum eo saepe lusi. ______
3. Post cenam ad amicos ii. ______
4. Ii homines me ex servitute liberaverunt. ______
5. Is vir homo bonus est. ______
6. Nunc domum eo. ______

N1 **a** Steht is, ea, id alleine, übersetze es einfach mit dem deutschen Personal-Pronomen. Ordne die deutschen Personal-Pronomen der entsprechenden lateinischen Form zu.

sie – ihm – sie – es – ihn – ihnen – ihr – sie – er – sie – sie – sie

eum: ________	ea: ________	eos: ________	ei: ________
eis: ________	eam: ________	ei: ________	ea: ________
id: ________	ii: ________	is: ________	eas: ________

b Schreibe den Kasus darüber und übersetze die Kombination aus Demonstrativ-Pronomen und Substantiv.

eum (*Akk.*) pontem: *diese Brücke*	is senator: ________
in ea urbe: ________	id oppidum: ________
eos gladios: ________	eo tempore: ________
ei populo: ________	ea pericula: ________
ea pugna: ________	eam fabulam: ________
eae feminae: ________	ii reges: ________

c In diesen Sätzen gibt eius, eorum/earum den „Besitzer" an. Übersetze sie.

1. Consul filiam habet. Nomen eius Iulia est. ________

2. Populus verba oratoris audit. Verba eius hominibus valde placent. ________

3. Romani servos habuerunt. Vita eorum saepe misera erat. ________

N2 Viele Formen beim Relativ-Pronomen kommen mehrfach vor.
Dekliniere und schreibe die entsprechende Form auf.

Diese Form kommt sechs Mal vor: ________

Diese Form kommt vier Mal vor: ________

Diese beiden Formen kommen je drei Mal vor: ________

S1 a Das deutsche Relativ-Pronomen ist „der, die, das“ oder „welcher, welche, welches“. Unterstreiche in den Sätzen das Relativ-Pronomen und setze dahinter das entsprechende lateinische Relativ-Pronomen aus dem Kasten ein.

(de) quo – qui – cui – cuius – quorum

1. Die Bücher von Asterix und Obelix erzählen von Galliern, die sich gegen die Römer wehren. ____________

2. Der bekannteste von ihnen ist Asterix, dessen Klugheit hilft, die Probleme zu lösen. ____________

3. Ebenso bekannt ist Obelix, über den gesagt wird, dass er als Kind in den Zaubertrank gefallen sei. ____________

4. Die Römer, deren Lager um das Dorf der Gallier herum liegen, können sie nicht besiegen. ____________

5. Auch Caesar, dem regelmäßig von den Ereignissen berichtet wird, ist hilflos. ____________

b Unterstreiche das Bezugswort, bestimme die Form des Relativ-Pronomens und übersetze den Satz.

Nom. Pl. m.

1. Piratae viros, **qui** se defendebant, in mare praecipitaverunt.

____

____

2. Quintus epistulam, **in qua** Flavia auxilium petivit, iterum atque iterum legit.

____

____

3. Quintus, **a quo** Flavia auxilium petiverat, cum patre in Galliam iit.

____

____

4. Piratae, **qui** Flaviam et Gallam abduxerant, alios homines in mare praecipitaverunt.

____

____

5. Flavia monumentum, **quod** Romani ad honorem Traiani exstruxerunt, explanat.

____

____

- **V1** die Verbformen im Futur II **erkennen**
- **V2** die Verbformen im Futur II **bilden**
- **V3** Verwendung des Futur II **kennen** und es **übersetzen**
- **V4** die Formen der Verben velle und nolle **erkennen** und **bilden**
- **N1** die Zahlwörter **erkennen**
- **N2** den „Besitzer-Dativ" **erkennen** und **übersetzen**

V1 Das **Futur II** erkennst du am Tempus-Zeichen **-eri-**:

rogav*erit* – er wird gefragt haben

V2 So wird die **Futur II-Form** gebildet:

Perfektstamm	Tempus-Zeichen	Person-Zeichen
rogav	**eri**	t

	FUTUR II				
	a-Konj.	e-Konj.	i-Konj.	Kons. Konj.	esse
Infinitiv	**rogare**	**ridere**	**venire**	**legere**	**esse**
1. Sg.	rogavero*	risero*	venero*	legero*	fuero*
2. Sg.	rogaveris	riseris	veneris	legeris	fueris
3. Sg.	rogaverit	riserit	venerit	legerit	fuerit
1. Pl.	rogaverimus	riserimus	venerimus	legerimus	fuerimus
2. Pl.	rogaveritis	riseritis	veneritis	legeritis	fueritis
3. Pl.	rogaverint	riserint	venerint	legerint	fuerint

* In der 1. Sg. verschmilzt das „i" von „eri" mit dem Person-Zeichen.

V3 Mit dem **Futur II** wird eine Handlung ausgedrückt, die in der Zukunft beendet sein wird, bevor eine weitere Handlung folgen wird. Im Deutschen wird das Futur II meist mit Präsens oder Perfekt wiedergegeben:

Si epistulam scripsero, veniam. Wenn ich den Brief geschrieben habe, komme ich.

V4 Die Formen der Verben **velle,** volo, volui – *wollen* und **nolle,** nolo, nolui – *nicht wollen* sind im Präsens unregelmäßig.
Alle anderen Formen werden regelmäßig mit dem Präsensstamm vol-, nol- und dem Perfektstamm volu-, nolu- gebildet.

1. Sg.	volo	nolo
2. Sg.	vis	non vis
3. Sg.	vult	non vult
1. Pl.	volumus	nolumus
2. Pl.	vultis	non vultis
3. Pl.	volunt	nolunt

N1 Die **Zahlwörter**

unus, una, unum, duo, duae, duo tres, tres, tria

werden im Lateinischen dekliniert.
Sie gleichen sich dem Substantiv an (KNG-Kongruenz):
una villa, duo oculi, tria dona

N2 In Verbindung mit einer Form von esse gibt der **Dativ** den **Besitzer** an.

Amicis villa **est.** – (Den Freunden ist/gehört ein Landhaus.)
Die Freunde haben ein Landhaus.

WS

redire	______	velle	______
genus	______	nolle	______
arbor	______	tacere	______
uxor	______	dormire	______
civis	______	properare	______

V1

a An welchem Zeichen erkennst du das Futur II? ☐

b Unterstreiche alle Verbformen, die im Futur II stehen. Du findest sieben.

habuimus – duxerit – voluero – statuerat – sedent – viderimus – vixerunt – miseramus – timeri – tacebis – egerint – posuerint – crediderunt – narrabunt – liberaveris – fueritis – tenuimus – parent

V2

Konjugiere die folgenden Verben im Futur II.

	tacere	legere	esse
1. Sg.	*tacu*	*leg*	*fu*
2. Sg.			
3. Sg.			
1. Pl.			
2. Pl.			
3. Pl.			

V3

Übersetze die Sätze mit Futur II ins Deutsche.

Denke daran, dass das Futur II im Deutschen meist mit Präsens oder Perfekt wiedergegeben wird.

1. Ubi cenavero, dormiam.

______

2. Ubi fratres mei domum redierint, ludemus.

______

3. Nautae: „Cum piratae nos viderint, navem invadent."

______

4. Si properaveritis, ad tempus venietis.

______

V4 **a** Konjugiere **velle** und **nolle** im Präsens. Übersetze die Formen anschließend ins Deutsche.

1.Sg.		*ich will*		*ich will nicht*
2.Sg.				
3.Sg.				
1.Pl.				
2.Pl.				
3.Pl.				

b Bestimme und übersetze die Formen von **velle** und **nolle** ins Deutsche.

voluit: *3. Sg. Perfekt* *er hat gewollt*

nolebas: ____________ ____________

noletis: ____________ ____________

vis: ____________ ____________

voluerant: ____________ ____________

nolumus: ____________ ____________

volebamus: ____________ ____________

noluisti: ____________ ____________

volam: ____________ ____________

c Setze die Silben aus dem Kasten zu den entsprechenden Formen zusammen.

vol – vol – nol – volu – nolu – nolu – eba – eri – e – era – mus – s – t – o – istis – nt

velle		**nolle**	
1. Pl. Fut.:	____________	2. Sg. Plqupf.:	____________
3. Sg. Imperf.:	____________	1. Sg. Präs.:	____________
2. Pl. Perf.:	____________	3. Pl. Fut.II:	____________

N1 **a** Ordne den Zahlwörtern ein passendes Substantiv aus dem Kasten zu und gib den Kasus an.

fabulae – regi – genera – senatorum – uxor – cives – viri – arbores – corporibus – ~~consulem~~

unum *consulem* – *Akk.*
tria ________ – ________
duae ________ – ________
unius ________ – ________
tribus ________ – ________
una ________ – ________
duos ________ – ________
tres ________ – ________
uni ________ – ________
duorum ________ – ________

b Die Zahlwörter sind schon dekliniert. Ergänze die Substantivformen.

Nom.	una *urbs*	duo *oppida*	tres *viae*
Gen.	unius	duorum	trium
Dat.	uni	duobus	tribus
Akk.	unam	duo	tres
Abl.	in una	in duobus	in tribus

N2 Unterstreiche den Dativ und übersetze die Sätze mit Besitzer-Dativ zunächst mit einer Hilfsübersetzung. Formuliere dann in Sätze mit „haben" um. Achte dabei auch auf das Tempus der esse-Formen.

Consuli tres fratres sunt. *„Dem Konsul sind/gehören drei Brüder." – Der Konsul hat drei Brüder.*

1. Amico canis est. ________

2. Tibi multi amici erunt. ________

3. Oratori magna vox non erat. ________

4. Mox vobis villa pulchra erit. ________

5. Victori animus clemens fuit. ________

V1 Verben der Kurzvokalischen i-Konjugation **erkennen**

V2 Verben aller Konjugationen richtig **zuordnen**

V3 Formen der Verben der Kurzvokalischen i-Konjugation **bilden**

V4 Formen der Komposita von esse **auf die Grundformen zurückführen**

V5 alle Formen des Verbs posse **erkennen** und **konjugieren**

V1 Es gibt eine Gruppe von Verben, deren Infinitiv auf -ere endet, die im Präsensstamm aber noch ein -i dabei haben. Diese Gruppe nennt man **Kurzvokalische i-Konjugation** (weil das i kurz ist). capere, capio – Präsensstamm: capi-

V2 Zu welcher Konjugation ein Verb gehört, kannst du an der Kombination Infinitiv und 1. Sg. Präsens erkennen:

-are	-ire	-ere		
amare, amo	audire, audio	ridēre, rideo	legere, lego	capere, capio
a- Konjugation	i- Konjugation	e- Konjugation	Kons. Konjugation	Kurzvokalische i- Konjugation

V3 Die Verben der **Kurzvokalischen i-Konjugation** werden wie die Verben der i-Konjugation konjugiert. Der Imperativ Singular endet aber auf -e: cape!

	Präsens	Imperfekt	Futur I	Perfekt	Plusquamperfekt	Futur II
1. Sg.	**capio**	**capiebam**	**capiam**	**cepi**	**ceperam**	**cepero**
2. Sg.	**capis**	**capiebas**	**capies**	**cepisti**	**ceperas**	**ceperis**
3. Sg.	**capit**	**capiebat**	**capiet**	**cepit**	**ceperat**	**ceperit**
1. Pl.	**capimus**	**capiebamus**	**capiemus**	**cepimus**	**ceperamus**	**ceperimus**
2. Pl.	**capitis**	**capiebatis**	**capietis**	**cepistis**	**ceperatis**	**ceperitis**
3. Pl.	**capiunt**	**capiebant**	**capient**	**ceperunt**	**ceperant**	**ceperint**

V4 Ein Verb, das aus einem „Grundverb" (Simplex) und einer Vorsilbe zusammengesetzt ist, nennt man **Kompositum** (Plural: Komposita).
Die Vorsilbe ist oft eine Präposition, deren Bedeutung sich im Kompositum wiederfindet, z. B. ab – *von, weg*
Bei der Zusammensetzung können Buchstaben verschmelzen oder sich angleichen.

ab } + esse { **ab**esse, **ab**sum, **a**fui — „weg sein", abwesend sein, fehlen
inter } + esse { **inter**esse, **inter**sum, **inter**fui — „dazwischen sein", teilnehmen

V5 Auch **posse, possum, potui** – *können* ist ein Kompositum von esse: pot*+esse. (*„pot" – *mächtig, fähig*)
Es hat den **Präsensstamm pot-**, aber vor „s" (sum, sumus, sunt) wird daraus **pos**.

	Präsens	Imperfekt	Futur I	Perfekt	Plusquamperfekt	Futur II
1. Sg.	possum	poteram	potero	potui	potueram	potuero
2. Sg.	potes	poteras	poteris	potuisti	potueras	potueris
3. Sg.	potest	poterat	poterit	potuit	potuerat	potuerit
1. Pl.	possumus	poteramus	poterimus	potuimus	potueramus	potuerimus
2. Pl.	potestis	poteratis	poteritis	potuistis	potueratis	potueritis
3. Pl.	possunt	poterant	poterunt	potuerunt	potuerant	potuerint

WS

posse	______	adesse	______
movere	______	conspicere	______
putare	______	capere	______
abesse	______	cupere	______
aspicere	______	interesse	______

V1

a Zwei der folgenden Aussagen über die Kurzvokalische i-Konjugation sind richtig, zwei sind falsch. Streiche die falschen durch.

Der Infinitiv endet auf -ere.

Die 1. Pers. Sg. endet auf -eo.

Zum Präsensstamm gehört noch ein -i.

Das -i im Präsensstamm ist lang.

b Streiche alle Verben weg, die nicht zur Kurzvokalischen i-Konjugation gehören. Fünf bleiben übrig.

cupere, cupio – poscere, posco – habere, habeo – sentire, sentio – censere, censeo – accipere, accipio – conspicere, conspicio – narrare, narro – redire, redeo – comperire, comperio – incipere, incipio – cenare, ceno – laedere, laedo – aspicere, aspicio – nescire, nescio – credere, credo – destinare, destino – considere, consido

V2

a Unterscheide Verben, deren Infinitiv auf -ere endet. Trage die drei Beispielverben ein.

e-Konjugation	Kons. Konjugation	Kurzvokalische i-Konjugation

ridere, rideo

legere, lego

capere, capio

Achte auf die Kombination Infinitiv + 1.Sg.

b Kreuze die Konjugation an.

		a-Konj.	e-Konj.	i-Konj.	Kons. Konj.	Kurzvok. i-Konj.
venire	venio					
colere	colo					
cupere	cupio					
movere	moveo					
mittere	mitto					
conspicere	conspicio					
narrare	narro					
aperire	aperio					

c Gib die Stammformen der Verben an und nenne die Konjugation.

	Stammformen	Konjugation
laedunt	*laedere, laedo, laesi*	*Kons. Konj.*
aspiciebat		
putamus		
student		
venietis		
movebunt		
ducis		
capimus		
orabat		

d Eins der drei Verben passt nicht zu den beiden anderen.
Kreise es ein und schreibe als Begründung seine Konjugation auf.

cogitare – clamare – cupere (eingekreist) *gehört zur Kons. Konj., nicht zur a-Konj.*

dormire – ducere – scire ______

manere – mittere – movere ______

pugnare – praebere – putare ______

capere – cupere – currere ______

convenire – stare – interrogare ______

V3

a Konjugiere **cupere** und **dormire** im Präsens.

1. Sg.	*cupi*______	*dormi*______
2. Sg.		
3. Sg.		
1. Pl.		
2. Pl.		
3. Pl.		

b Bilde folgende Formen von capere.
Du brauchst vier Mal den Präsensstamm capi- und vier Mal den Perfektstamm cep-.

1. Sg. Imperfekt	3. Sg. Präsens	2. Sg. Perfekt	3. Sg. Plusquamperfekt

2. Pl. Futur I	2. Sg. Plusquamperfekt	3. Pl. Präsens	1. Pl. Perfekt

V4 Zerlege die Komposita von esse, bestimme und übersetze die Form.

	Vorsilbe	Form von esse	Bestimmung	Übersetzung
adsum	*ad*	*sum*	*1. Sg. Präs.*	*ich bin anwesend*
intereratis				
aberimus				
affuit				
intererunt				
aderam				
afuerunt				
interfuerant				
abest				

V5 Bilde die Formen von posse und übertrage sie ins Deutsche.

3. Sg. Perf.: ______________________ ______________________

1. Pl. Präs.: ______________________ ______________________

3. Pl. Plqupf.: ______________________ ______________________

2. Sg. Imperf.: ______________________ ______________________

2. Pl. Präs.: ______________________ ______________________

3. Pl. Perf.: ______________________ ______________________

1. Sg. Fut I.: ______________________ ______________________

Lektion 1

S. 6

V1

a Die 3. Person Singular erkennt man am Person-Zeichen **-t**.

b Das sind die acht Verbformen in der 3. Person Singular: **ardet, tacet, clamat, stat, est, placet, iacet, venit**

c er schweigt – **tacet**; sie schreit – **clamat**; es gefällt – **placet**; er erwartet – **exspectat**; sie kommt – **venit**; er zögert – **cessat**; sie steht – **stat**; es liegt da – **iacet**

V2

a Wenn man die Buchstaben **-re** beim Infinitiv wegnimmt, erhält man den Präsensstamm.

b

Infinitiv	Präsensstamm	Infinitiv	Präsensstamm
tacere	*tace-*	clamare	clama-
exspectare	exspecta-	iacere	iace-
venire	veni-	ardere	arde-
placere	place-	stare	sta-

S. 7

c Die 3. Person Singular (Präsens) ist zusammengesetzt aus dem **Präsensstamm** und dem **Person-Zeichen**.

d

Infinitiv	Bedeutung	3. Person Singular: Präsensstamm +t	Übersetzung
ardere	brennen	ardet	er/sie/es brennt
exspectare	warten (auf)	exspectat	er/sie/es wartet (auf)
venire	kommen	venit	er/sie/es kommt
stare	stehen	stat	er/sie/es steht
placere	gefallen	placet	er/sie/es gefällt
clamare	schreien	clamat	er/sie/es schreit
esse	sein	est	er/sie/es ist

N1

a Substantive sind: asinus, amica, sol, villa, silentium, canis

b Das sind die Substantive: asinus, amica, silentium, villa

S. 8

N2

a maskulinum: -us / femininum: -a / neutrum: -um

b

maskulinum	femininum	neutrum
sol – die Sonne	villa – das (Land-)Haus	silentium – die Ruhe
canis – der Hund	amica – die Freundin	
asinus – der Esel		

c Im Deutschen erkennt man das Genus (Geschlecht) eines Substantivs **am Artikel**. Bei lateinischen Substantiven muss man auf ihre Endung achten oder das Genus mitlernen, **weil es im Lateinischen keinen Artikel gibt**.

S1

a 1. **Asinus** non iam clamat. 2. Cur **amica** tacet?
3. **Silentium** non placet.
[Zur Kontrolle die Übersetzung:
1. Der Esel schreit nicht mehr.
2. Warum schweigt die Freundin? 3. Die Ruhe gefällt nicht.]

Als Subjekt kann nur ein Substantiv eingesetzt werden.

b 1. Amica exspectat. Canis non venit.
2. Exspectare non placet.
3. Clamat: „Ubi est canis?
4. Cur venire cessat?"

Das Prädikat ist immer eine Verbform.

c 1. Die Freundin wartet. Der Hund kommt nicht.
2. Warten gefällt nicht / Warten macht keinen Spaß.
3. Sie schreit: „Wo ist der Hund?
4. Warum zögert er zu kommen? / Warum lässt er sich Zeit zu kommen?"

In Satz 3 muss „Clamat" übersetzt werden mit „Sie schreit", denn wir kennen das Subjekt dazu: amica.

Lektion 2

S. 10

V1

3. Pers. Singular, zu erkennen an dem Person-Zeichen **-t**: **venit** – er, sie, es kommt / **exspectat** – er, sie, es wartet auf / **est** – er, sie, es ist / **apparet** – er, sie, es erscheint

3. Pers. Plural, zu erkennen an dem Person-Zeichen **-nt**: **clamant** – sie schreien / **gaudent** – sie freuen sich / **veniunt** – sie kommen / **sunt** – sie sind

V2

a

Infinitiv	Präsensstamm	→	3. Person Plural
salutare	saluta-	→	salutant
ridere	ride-	→	rident
venire	veni-	→	veniunt
stare	sta-	→	stant

b er/sie/es ist – **est**; sie sind – **sunt**

S. 11

N1

a Das sind die fünf Pluralformen:
amicae, equi, dona, asini, matronae.

b Diese fünf Pluralformen müssen unterstrichen sein:
servi, equi, dona, villae, servae.

c

Nom. Sing.	Nom. Pl.	Nom. Sing.	Nom. Pl.
amicus	amici	amica	amicae
servus	servi	serva	servae

„dona" ist der Plural zu „donum". „villa" ist aber keine Pluralform, denn das Substantiv heißt im Nom. Singular „villa".

N2

a Die typischen Endungen der Substantive sind farblich unterlegt:

maskulinum femininum neutrum

Nom. Sing.	Wortstamm	Nom. Pl.
asinus	asin-	asini
serva	serv-	servae
silentium	silenti-	silentia
villa	vill-	villae
equus	equ-	equi
donum	don-	dona
amica	amic-	amicae
servus	serv-	servi

Alles, was vor der Endung steht, gehört zum Wortstamm. Bei „amicus / amica" und „servus / serva" muss man darauf achten, ob es um maskulinum oder femininum geht.

S. 12

b 1. dona – 2. stat – 3. iacet – 4. asini – 5. rident – 6. apportant – 7. apparet – 8. gaudet – 9. familia – 10. salutat – 11. silentium – 12. appropinquant – 13. servus – 14. veniunt – 15. equus – 16. servae – 17. amici – 18. matrona

Die Substantive 1., 4., 16., 17. stehen im Plural. Bei der Verbform 14. steht der Sprechvokal -u vor dem Person-Zeichen.

N3

a Der Vokativ Singular hat eine eigene Endung bei Wörtern auf **-us** und Wörtern auf **-ius**.

b Salve, amica! – Sei gegrüßt / Hallo/Guten Tag, Freundin!
Salve, Quinte! – Sei gegrüßt /..., Quintus!
Salve, Flavia! – Sei gegrüßt / ..., Flavia
Salve, serve! – Sei gegrüßt / ..., Sklave!
Salvete, matronae! – Seid gegrüßt / ..., (ihr) Frauen!

Bei der Übersetzung lauten die Namen wieder auf -us.

c 1. Salvete, amicae! 2. Salve, amice! 3. Salve, Caecilia! 4. Salve, Marce! 5. Salve, familia! 6. Salvete, servi!

Lektion 3

S. 14

V1

a Zu welcher Konjugation ein Verb gehört, erkennt man am **Präsensstamm**.

b Die drei Konjugationen heißen: **a**-Konjugation, **e**-Konjugation, **i**-Konjugation.

c

	Präsensstamm	Konjugation
tacere	tace-	e-Konjugation
apportare	apporta-	a-Konjugation
apparere	appare-	e-Konjugation
audire	audi-	i-Konjugation
parare	para-	a-Konjugation
debere	debe-	e-Konjugation

V2

a

1. Pers. Sg.	2. Pers. Sg.	3. Pers. Sg.	1. Pers. Pl.	2. Pers. Pl.	3. Pers. Pl.
o	s	t	mus	tis	nt

b -mus – wir; -nt – sie; -t – er/sie/es; -s – du; -tis – ihr; -o – ich

S. 15

V3

a Eine Verbform im Präsens besteht aus **Präsensstamm + Person-Zeichen**.

b clamare: clamo; properare: propero; rogare: rogo; administrare: administro

c venire: veniunt; audire: audiunt

d

	a-Konj.	e-Konj.	i-Konj.	esse
Infinitiv	rogare	tenere	audire	esse
1.Sg.	rogo	teneo	audio	sum
2.Sg.	rogas	tenes	audis	es
3.Sg.	rogat	tenet	audit	est
1.Pl.	rogamus	tenemus	audimus	sumus
2.Pl.	rogatis	tenetis	auditis	estis
3.Pl.	rogant	tenent	audiunt	sunt

e sie liegen: iacent; ihr beeilt euch: properatis
er hört: audit; ich trage herbei: apporto
du befiehlst: iubes; ich gehorche: pareo
sie kommen: veniunt; er fragt: rogat
du segelst: navigas; sie antwortet: respondet

S. 16

N1

a

a-Deklination	o-Deklination	
femininum	maskulinum	neutrum
amica	equus	silentium
insula	servus	donum
lacrima	amicus	periculum

b

	Lernform	Deklination	Bestimmung
lacrima	lacrima	a-Deklination	Nom. Sg.
pericula	periculum	o-Deklination	Nom. Pl.
familia	familia	a-Deklination	Nom. Sg.

N2

a Das sind die fünf Substantive im Akkusativ Singular:
villam – amicum – donum – silentium – equum.
Das sind die sechs Substantive im Akkusativ Plural:
asinos – matronas – dona – lacrimas – pericula – amicos.

b 1. Hic villa stat. *Wer/Was?* – Nom. Sg.
2. Amicus pericula non timet. *Wen/ Was?* – Akk. Pl.
3. Ubi sunt dona? *Wer/Was?* – Nom. Pl.
4. Iam dona apporto. *Wen/ Was?* – Akk. Pl.
[Zur Kontrolle die Übersetzung: 1. Hier steht das Landhaus. 2. Der Freund fürchtet die Gefahren nicht. 3. Wo sind die Geschenke? 4. Ich bringe die Geschenke schon.]

Stelle die Frage immer mit dem Prädikat, z. B. Wer/was steht hier?

N3

	amicus	**insula**	**periculum**	**equus**
Akk. Sg.	amicum	insulam	periculum	equum
Akk. Pl.	amicos	insulas	pericula	equos

Lektion 4

S. 18

N1

a und b

a-Deklination	o-Deklination		Konsonantische Deklination
	maskulinum	neutrum	
villa	equus	signum	consul
regina	avus	simulacrum	homo
lacrima	populus	verbum	eques

N2

Das sind die sechs Substantive, die zur Konsonantischen Deklination gehören:
amorem – canes – clamorem – imperator – sol – homines.

Substantive der Konsonantischen Deklination erkennst du in dieser Lektion daran, dass sie im Nom. Sg. nicht auf -a, -us, -um enden.

N3

a

	a-Deklination	o-Deklination		Kons. Deklination
	femininum	maskulinum	neutrum	
Gen. Sing.	reginae	equi	signi	consulis
Gen. Pl.	reginarum	equorum	signorum	consulum

b

Gen. Sg.:		Gen. Pl.:
deae	Diese Substantivformen bleiben übrig: amicas – donum – signa – avus – villam – asinum	equorum
populi		canum
nuntii		provinciarum
amoris		hominum

S. 19

N4

a

Nominativ Singular	Genitiv Singular	Stamm
periculum	periculi	pericul-
imperator	imperatoris	imperator-
verbum	verbi	verb-
nuntius	nuntii	nunti-
amicus	amici	amic-
homo	hominis	homin-

Zum Stamm gehört alles vor der Endung des Gen. Sg.

b popul- populus; spectacul- spectaculum
insul- insula; can- canis
senator- senator; asin- asinus
equ- equus homin- homo

N5

Nom. Sg.	Stamm	Genitiv Singular	Genitiv Plural
equus	equ-	equi	equorum
donum	don-	doni	donorum
senator	senator-	senatoris	senatorum
eques	equit-	equitis	equitum
periculum	pericul-	periculi	periculorum
regina	regin-	reginae	reginarum

S. 20

N6

a

	Sg.	Pl.	Sg.	Pl.
Nom.	populus	populi	signum	signa
Gen.	populi	populorum	signi	signorum
Akk.	populum	populos	signum	signa

	Sg.	Pl.	Sg.	Pl.
Nom.	consul	consules	villa	villae
Gen.	consulis	consulum	villae	villarum
Akk.	consulem	consules	villam	villas

	Sg.	Pl.	Sg.	Pl.
Nom.	homo	homines	dea	deae
Gen.	hominis	hominum	deae	dearum
Akk.	hominem	homines	deam	deas

b imperatoris Kons. Dekl. – Gen.Sg.
populorum o-D. (m) – Gen. Pl.
clamorem Kons. Dekl. – Akk. Sg.
homines Kons. Dekl. – Nom./Akk. Pl.
regina a-D. – Nom. Sg.
periculum o-D. (n) – Nom./Akk. Sg.
equitis Kons. Dekl. – Gen. Sg.
verba o-D. (n) – Nom./Akk. Pl.

Übersetzen leicht gemacht I

S. 21

Ü1 1. In der Ferne erscheint ein Reiter. Wer ist es? 2. Die Freundin bringt ein Geschenk. Der / Ihr Freund freut sich. 3. (Die) Sklaven müssen gehorchen.

Ü2 1. Dort sitzt Quintus. Er wartet. 2. Warum lassen die Sklaven sich Zeit? Warum kommen sie nicht? 3. Flavia kommt näher. Was trägt sie herbei? 4. Das Pferd kommt. Es gehorcht.

Ü3 1. Jetzt treiben die Reiter die Pferde an. 2. Die Frau hört das Geschrei des Esels. 3. Sie sieht die Hunde, sie sieht die Pferde, aber den Esel sieht sie nicht.

S. 22

Ü4 Subito amici clamorem asinorum audiunt. 1. **Prädikat**: audiunt → sie hören – WER hört? 2. **Subjekt**: amici – die Freunde → die Freunde hören – WEN / WAS hören die Freunde ? 3. **Ergänzungen**: clamorem – das Geschrei → Die Freunde hören das Geschrei. 4. **restliche Wörter**: asinorum: Gen. Pl., gehört zu clamorem – WESSEN Geschrei hören die Freunde? → das Geschrei der Esel; subito: Adverb – WANN hören die Freunde ... → plötzlich
→ → **Übersetzung**: Plötzlich hören die Freunde das Geschrei der Esel.

Lektion 5

S. 24

V1

e-Konj.	Kons. Konj.
gaudere, gaudeo	sumere, sumo
tenere, teneo	quaerere, quaero
parere, pareo	dicere, dico
tacere, taceo	plaudere, plaudo
iacere, iaceo	ludere, ludo

V2 a sede|re – leg|ere – sta|re – audi|re – dic|ere – iace|re – voca|re – invad|ere – dormi|re – sum|ere – roga|re – veni|re – vide|re – plaud|ere – intra|re – time|re – debe|re

b Von der **i-Konjugation** sind es weniger, denn du kennst davon erst drei Verben.

a-Konj.	e-Konj.	i-Konj.	Kons. Konj.
salutare	sedere	audire	legere
stare	iacere	dormire	dicere
vocare	videre	venire	invadere
rogare	timere		sumere
intrare	debere		plaudere

S. 25

V3 saluta|mus – ... wir grüßen
roga|nt – sie fragen
lud|o – ich spiele
iace|t – er/sie/es liegt
dormi|s – du schläfst
invadu|nt – sie dringen ein/greifen an
tace|tis – ihr schweigt
su|mus – wir sind
exspecta|tis – ihr erwartet
responde|t – er/sie/ es antwortet

V4 a

	Präsensstamm	Sprechvokal	Person-Zeichen
statis	sta	–	tis
ardet	arde	–	t
sumimus	sum	i	mus
venis	veni	–	s
iubeo	iube	–	o
audiunt	audi	u	nt
legit	leg	i	t
ridemus	ride	–	mus

Sprechvokale können nur „u" oder „i" sein und Sprechvokale gibt es nur bei bestimmten Personen: 3. Pl. der i-Konjugation, 3. Sg. und 3. Pl. der Konsonantischen Konjugation.

b Bei der 1.P.Sg. der a-Konjugation verschmilzt der Kennvokal -a des Präsensstammes mit dem Person-Zeichen zu -o.

Infinitiv	1. Sg.	2. Sg.	3. Sg.	1. Pl.	2. Pl.	3. Pl.
intrare	intro	intras	intrat	intramus	intratis	intrant
ludere	ludo	ludis	ludit	ludimus	luditis	ludunt
esse	sum	es	est	sumus	estis	sunt

c 1. Sg.: rogo, video, dormio, dico / 3. Pl.: rogant, vident, dormiunt, dicunt

S. 26

N1

a Das sind die fünf Formen im Dativ Singular: dono – insulae – patri – silentio – amicae. Das sind die fünf Formen im Dativ Plural: villis – consulibus – amicis – verbis – hominibus.

b Es fehlt eine Form von canis: Nom. bzw. Akk. Pl: canes

	a-Deklination		o-Deklination (mask.)	
	Singular	Plural	Singular	Plural
Nom.	regina	reginae	avus	avi
Gen.	reginae	reginarum	avi	avorum
Dat.	reginae	reginis	avo	avis
Akk.	reginam	reginas	avum	avos

	Kons. Dekl.		Kons. Dekl.	
	Singular	Plural	Singular	Plural
Nom.	canis	canes	orator	oratores
Gen.	canis	canum	oratoris	oratorum
Dat.	cani	canibus	oratori	oratoribus
Akk.	canem	canes	oratorem	oratores

N2

	nuntius	matrona	periculum	senator
Stamm	nunti-	matron-	pericul-	senator-
Dat. Sg.	nuntio	matronae	periculo	senatori
Dat. Pl.	nuntiis	matronis	periculis	senatoribus

	serva	homo	pater	populus
Stamm	serv-	homin-	patr-	popul-
Dat. Sg.	servae	homini	patri	populo
Dat. Pl.	servis	hominibus	patribus	populis

Den Stamm erhältst du, wenn du von dem Substantiv den Gen. Sg. bildest und davon die Genitiv-Endung wegstreichst, z. B. matrona, Gen. Sg.: matronae, Gen. Sg.-Endung: -ae

Lektion 6

S. 28

V1

a Bei a-, e- und i-Konjugation: wie der **Präsensstamm**.
Bei der Kons. Konjugation: an dem **Präsensstamm** ein **-e**.

b Den Imperativ Plural erkennt man an dem Zeichen **-te**.

c Das sind die 5 Verbformen im Imperativ Singular: defende – intra – audi – responde – es; und die 6 Verbformen im Imperativ Plural: pugnate – sumite – apportate – parete – audite – este.

d 1. Audi! – Höre (zu)! 2. Saluta consulem! – Begrüße den Konsul! 3. Sedete, amicae! – Setzt euch, Freundinnen! 4. Propera ad forum! – Eile zum Forum! / Lauf schnell zum Forum! 5. Da mihi epistulam! – Gib mir den Brief! 6. Quaerite furem! – Sucht den Dieb!

e Den Präsensstamm erhältst du, wenn du beim Infinitiv die Endbuchstaben -re bzw. bei der Konsonantischen Konjugation -ere wegnimmst. Hier gehört das Verb „legere" zur Konsonantischen Konjugation.

	Präsensstamm	Imperativ Sg.	Imperativ Pl.
tenere	tene-	tene !	tenete !
vocare	voca-	voca !	vocate !
legere	leg-	lege !	legite !

S. 29

N1

1. Servae novae tacent. – Die neuen Sklavinnen schweigen.
2. Multi homines piratas timent. – Viele Menschen fürchten die Piraten / haben Angst vor den Piraten.
3. Quintus solus hic sedet et amicos expectat. – Quintus sitzt alleine hier und wartet auf seine / die Freunde.
4. Piratae multos homines abducunt. – Die Piraten entführen / verschleppen viele Menschen.

N2

a 1. Senatores consulem novum salutant. – Die Senatoren begrüßen den neuen Konsul. 2. Homines laeti semper rident. – Fröhliche Menschen lachen immer. 3. Flavia: „Certe pater mihi multa dona apportat." – Flavia (sagt): „Sicher bringt der/mein Vater mir viele Geschenke." – 4. Ventus secundus nautis placet. – Der günstige Wind / Günstiger Wind gefällt den Seeleuten. 5. Silentium est. Fur villam magnam intrat. – Es ist/herrscht Stille. Der Dieb betritt das große Landhaus.

b 1. In insulam novam navigamus. (Akk. Sg. f.) 2. Nautae ventum secundum exspectant. (Akk. Sg. m.) 3. Homines maesti sunt, nam spectaculum non placet. (Nom. Pl. m.) 4. Piratae naves magnas invadere solent. (Akk. Pl. f.)

Um das passende Adjektiv zu finden, achte darauf, dass es im gleichen Kasus und Numerus steht wie das Substantiv (also z. B. beide stehen im Akk. Sg.), und darauf, dass die Adjektivform im Genus mit dem Substantiv übereinstimmt (also z. B. Adjektivform femininum, wenn das Substantiv feminin ist).

S. 30

N3

a „canis" wird nach der Konsonantischen Deklination dekliniert, „bonus" nach der o-Deklination. „nauta" wird nach der a-Deklination dekliniert; das Genus von „nauta" ist aber maskulinum, deshalb muss die Adjektivform dazu auch maskulinum sein.

	Singular	Plural	Singular	Plural
Nom.	canis bonus	canes boni	nauta laetus	nautae laeti
Gen.	canis boni	canum bonorum	nautae laeti	nautarum laetorum
Dat.	cani bono	canibus bonis	nautae laeto	nautis laetis
Akk.	canem bonum	canes bonos	nautam laetum	nautas laetos

b

	maskulinum		femininum	
	Singular	Plural	Singular	Plural
Nom.	consul novus	consules novi	insula magna	insulae magnae
Gen.	consulis novi	consulum novorum	insulae magnae	insularum magnarum
Dat.	consuli novo	consulibus novis	insulae magnae	insulis magnis
Akk.	consulem novum	consules novos	insulam magnam	insulas magnas

Lektion 7

S. 32 V1

a

	a-Deklination	o-Deklination		Kons. Deklination
	femininum	maskulinum	neutrum	
Singular	a	o	o	e
Plural	is	is	is	ibus

b Das sind die Substantivformen im Ablativ: servis, senatore, auxilio, sole, oculis, fuga, hominibus, foro, mente, nuntio, donis, terris.

N2

a

	ventus	femina	periculum	senator
Stamm	vent-	femin	pericul	senator
Abl. Sg.	vento-	femina	periculo	senatore
Abl. Pl.	ventis-	feminis	periculis	senatoribus

	serva	homo	pater	populus
Stamm	serv-	homin	patr	popul
Abl. Sg.	servo-	homine	patre	populo
Abl. Pl.	servis-	hominibus	patribus	populis

Den Wortstamm erhältst du, wenn du die Genitiv-Singular-Endung wegstreichst.

b Singular: ex aqua, sine patre / Plural: in periculis, sine matribus

S. 33 N3

Ort, Zeit Wo? Wann?	Mittel, Begleitung Wie? Womit? Mit wem?	Trennung Wovon (weg)? Ohne wen?
in magnis insulis	cum amicis	ex provincia
in villa	magno cum furore	ex navibus
in foro Romano	cum oratore	sine patre
in spectaculo	cum familia	sine mente

N4

	Singular	Plural	Singular	Plural	Singular	Plural
Nom.	asinus	asini	orator	oratores	epistula	epistulae
Gen.	asini	asinorum	oratoris	oratorum	epistulae	epistularum
Dat.	asino	asinis	oratori	oratoribus	epistulae	epistulis
Akk.	asinum	asinos	oratorem	oratores	epistulam	epistulas
Abl.	asino	asinis	oratore	oratoribus	epistula	epistulis

	Singular	Plural	Singular	Plural	Singular	Plural
Nom.	auxilium	auxilia	eques	equites	avus	avi
Gen.	auxilii	auxiliorum	equitis	equitum	avi	avorum
Dat.	auxilio	auxiliis	equiti	equitibus	avo	avis
Akk.	auxilium	auxilia	equitem	equites	avum	avos
Abl.	auxilio	auxiliis	equite	equitibus	avo	avis

S. 34

	Singular	Plural	Singular	Plural
Nom.	terra	terrae	verbum	verba
Gen.	terrae	terrarum	verbi	verborum
Dat.	terrae	terris	verbo	verbis
Akk.	terram	terras	verbum	verba
Abl.	terra	terris	verbo	verbis

Übe das Deklinieren mit weiteren Substantiven. Lege dir auf einem Blatt Papier oder mit dem Schreibprogramm des Computers Tabellen zum Deklinieren an.

N5

1. [O] Die Konsuln gehen auf dem Forum spazieren. 2. [R] Wir segeln zur Insel. 3. [O] Flavia spielt mit den / ihren Freundinnen / Freunden im Haus. 4. [R] Die Piraten verschleppen viele Menschen auf die Insel. 5. [R] Kommst du denn nicht in den Circus Maximus, Marcus? 6. [O] Die Richter sitzen in der Basilika Iulia.

Lektion 8

S. 36 N1

a Es sind 9 Ablative, und zwar: armis, epistula, oratoribus, periculis, equite, insula, dono, voce, exemplo.

b Das sind die Ablativformen: senatore, cane, oratore, voce, ventis, terra, spectaculo, fure, equite.

c 1. Quintus cum amicis ambulat. (Begleitung) – Quintus geht mit den / seinen Freunden spazieren. 2. Magister navis (= *der Kapitän*) nautas magna voce incitat. (Mittel) – Der Kapitän treibt die Seemänner mit lauter Stimme an. 3. Multi homines servitute maesti sunt. (Grund) – Viele Menschen sind traurig wegen der / über die Sklaverei. 4. Prima luce piratae navem invadunt. (Zeit) – Beim ersten Tageslicht / Bei Tagesanbruch greifen die Piraten das Schiff an. 5. Consul in foro senatores convenit. (Ort) – Der Konsul trifft die Senatoren auf dem Forum.

S. 37 N2

a Den Wortstamm eines Substantivs findet man, **wenn man die Endung des Genitiv Singular wegstreicht**.

b o-Dekl.: -i / a-Dekl.: -ae / Kons. Dekl.: -is

c

nautas	nauta	nautae	naut-	a-	Akk. Pl.
voce	vox	vocis	voc-	Kons.	Abl. Sg.
hominibus	homo	hominis	homin-	Kons.	Dat. Pl. /Abl. Pl.
rei	reus	rei	re-	o-	Gen. Sg. / Nom. Pl.
populum	populus	populi	popul-	o-	Akk. Sg.
causae	causa	causae	caus-	a-	Gen. Sg. / Dat. Sg. / Nom. Pl.
verbi	verbum	verbi	verb-	o-	Gen. Sg.
urbes	urbs	urbis	urb-	Kons.	Nom. Pl. / Akk. Pl.
exemplo	exemplum	exempli	exempl-	o-	Dat. Sg. / Abl. Sg.
asinos	asinus	asini	asin-	o-	Akk. Pl.

S. 38 S1

a 1. Hodie servi cum domino in foro ambulant. – Subjekt: die Sklaven 2. Subito dominus consulem videt. – Subjekt: der Herr 3. Consul ad senatores currit. – Subjekt: der Konsul 4. Iam procul senatores consulem salutant. – Subjekt: die Senatoren

Das Subjekt steht immer im Nominativ.

b 1. Consul dicit: (Der Konsul): 2. „Nuntium apporto. (ich) 3. Oratorem magnum hodie in foro audimus. (wir) 4. Cur non properatis, senatores? (ihr) 5. Homines consulem et senatores exspectant." (die Menschen) 6. Tum tacet. (er) 7. Unus e senatoribus rogat: (einer) 8. „Ubi est orator magnus?" (der Redner) 9. Et consul respondet: (der Konsul) 10. „Iam in foro stat." (er)

c Dativ- Objekte, Akkusativ-Objekte.
1. Prima luce multi homines foro appropinquant. 2. Semperne dei hominibus auxilium dant? 3. Subito Quintus in foro magnum clamorem audit. 4. Iterum atque iterum Quintus epistulam Flaviae legit. 5. Hodie Flavia Quinto epistulam dat. 6. Verba oratoris populo valde placent. 7. Homines tota urbe furem quaerunt.

d 1. Medicus senatorem mortuum ex thermis portat. 2. Homines equos magno clamore incitant. 3. Amicae Flaviam in villa exspectant. 4. Consul forum cum senatoribus intrat.

Übersetzen leicht gemacht

S. 39

Ü5

	Navem	piratarum	nautae	non invadunt.
Kasus	Akk.	Gen.	Nom.	
Frage	*Wen? Was?*	*Wessen?*	*Wer?*	
Funktion	Akk.-Objekt	Gen.-Attribut	Subjekt	Prädikat
	Die Seemänner greifen das Schiff der Piraten nicht an.			

	Nuntius	voluptate	epistulam	imperatori	dat.
Kasus	Nom.	Abl.	Akk.	Dat.	
Frage	*Wer?*	*Wie?*	*Wen? Was?*	*Wem?*	
Funktion	Subjekt	Adverbiale	Akk.-Objekt	Dat.-Objekt	Prädikat
	Der Bote übergibt mit Vergnügen den Brief dem Kaiser. / Mit Vergnügen übergibt der Bote dem Kaiser den Brief.				

Ü6

Homines deae donum apportant.	apportant – sie tragen herbei, sie bringen … *Wer bringt wem was? Welches Wort steht im Nom., welches im Dat., welches im Akk.?* Nur deae kann Dativ sein. Das Prädikat ist 3. Pl, homines steht im Plural, also ist es das Subjekt.	Die Menschen bringen der Göttin ein Geschenk.
Consules orator in foro convenit.	convenit – er/sie trifft … *Wer trifft wen? Welches Wort steht im Nom, welches im Akk.?* Nur consules kann Akkusativ sein, also ist orator das Subjekt. Außerdem ist das Prädikat 3. Sg. und nur orator steht im Sg.	Der Redner trifft die Konsuln auf dem Forum.

S. 40

Ü7

Venite, amici**!** – Ubi est senator**?** – Amici in foro conveniunt. – Clamat**,** dum in forum currit. – Tacet**;** tum clamat. – Flavia dicit**:** **„**Periculum timeo.**“**

Ü8

1. Das Durchlesen des Textes bis zum Ende ist wichtig, weil man dadurch einen Gesamteindruck von der Geschichte bekommt und einiges besser einordnen kann.

2. Alle Personen, die vorkommen: Flavia – Flavius, avus Flaviae – senator – consules – familia – piratae – homines – populus
Unterstrichen sind die handelnden / sprechenden Personen in dieser Geschichte: Flavius (er ist der Großvater Flavias) und die Konsuln.
avus und senator (Z. 1) sind keine eigenen Personen, sondern beides bezieht sich auf Flavius und gibt Informationen über ihn: Flavius, der Großvater Flavias, ist Senator.
– Flavia (Z. 1: Flaviae): steht im Genitiv, gehört zu avus; es wird erklärt, dass Flavius Flavias Großvater ist. – familia (Z. 2: familia): steht im Nominativ in einem Satz, der eine Begründung gibt für den Satz zuvor: nam … denn die Familie ist in großer Gefahr. Über familia gibt es also nur eine Information. – piratas (Z. 3: piratas, Z. 5: piratae, Z. 6: piratarum), homines (Z. 5), populus (Z. 5: populo, Z. 7: populum) kommen innerhalb der wörtlichen Rede vor; über sie wird also gesprochen.
Wo spielt die Geschichte? in foro (Z. 1) – auf dem Forum

3. wörtliche Rede: Z. 3–4: „Date auxilium! Piratas invadere debemus.“ dicit – 3. Sg. Hier spricht Flavius – Z. 4–6: „Dum hic statis, piratae multos homines abducunt et necant. Pericula populo non placent. Cur non in insulam piratarum navigatis?“ Hier spricht wieder Flavius. – Z. 7–9: : Consules respondent: „Populum semper defendimus. Sed ventus secundus non est, itaque exspectamus“. – Hier sprechen die Konsuln.

Wieso sprechen hier nicht die Konsuln? Erklärung: „consules tacent, tum avus magna voce“ (Z. 4): zu „consules“ gehört das Prädikat „tacent“; „avus“ = Flavius wird als Subjekt vor der wörtlichen Rede genannt.

4. Übersetzung: Flavius, Flavias Großvater, ist Senator. Er ist traurig, denn die / seine Familie ist in großer Gefahr. Heute trifft Flavius die Konsuln auf dem Forum. Zuerst begrüßt er die Konsuln, dann sagt er: „Gebt Hilfe / Helft uns! Wir müssen die Piraten angreifen.“ Die Konsuln schweigen, da sagt der Großvater mit lauter Stimme: „Während ihr hier steht, entführen die Piraten viele Menschen und töten sie. Die Gefahren gefallen dem Volk nicht. Warum segelt ihr nicht zur Insel der Piraten?“ Endlich antworten die Konsuln: „Wir verteidigen das Volk immer. Aber der Wind ist nicht günstig, deshalb warten wir.“ Traurig geht der Großvater vom Forum weg.

Lektion 9

S. 42

N1

	Singular	Plural	Singular	Plural
Nom.	medicus	medici	ager	agri
Gen.	medici	medicorum	agri	agrorum
Dat.	medico	medicis	agro	agris
Akk.	medicum	medicos	agrum	agros
Abl.	medico	medicis	agro	agris

N2

a

Nom. Sg.	Gen. Sg.	→	o-Dekl. m.	o-Dekl. n.	a-Dekl.	Kons. Dekl.
asinus	asini	→	✗			
lacrima	lacrimae	→			✗	
senator	senatoris	→				✗
iudex	iudicis	→				✗
forum	fori	→		✗		
nuntius	nuntii	→	✗			
puer	pueri	→	✗			
servitus	servitutis	→				✗
pater	patris	→				✗
nauta	nautae	→			✗	

b

o-Deklination		Konsonantische Deklination	
Nom. Sg.	Gen. Sg.	Nom. Sg.	Gen. Sg.
ager	agri	mater	matris
vir	viri	victor	victoris

S. 43

c

o-Dekl.		a-Dekl.	Kons. Dekl.	
mask.	neutr.			
ager	auxilium	aqua	amor	mors
dominus	donum	dea	canis	navis
equus	exemplum	epistula	clamor	nox
filius	forum	familia	eques	pater
nuntius	periculum	fortuna	fur	servitus
oculus	signum	lacrima	homo	sol
populus	silentium	matrona	iudex	urbs
puer	verbum	pugna	lux	voluptas
vir	vitium	sapientia	mater	vox

N3

a

	Singular	Plural
Nom.	vir robustus	viri robusti
Gen.	viri robusti	virorum robustorum
Dat.	viro robusto	viris robustis
Akk.	virum robustum	viros robustos
Abl.	viro robusto	viris robustis

	Singular	Plural
Nom.	homo miser	homines miseri
Gen.	hominis miseri	hominum miserorum
Dat.	homini misero	hominibus miseris
Akk.	hominem miserum	homines miseros
Abl.	homine misero	hominibus miseris

S. 44

b villa pulchra – servus robustus (miser / laetus / magnus) – senator laetus (robustus / miser / magnus) – canis miser (robustus / magnus / laetus) – signum novum – vox aspera (iucunda) – vita iucunda (aspera) – orator magnus (laetus / miser / robustus)

c 1. Titus amicus bonus Quinti est. – Titus ist ein guter Freund des Quintus.
2. Quis est primus imperator populi Romani? – Wer ist der erste Kaiser des römischen Volkes?
3. Servus: „Homo miser sum." – Der Sklave sagt: „Ich bin ein unglücklicher Mensch."

N4

		Nom. Sg.	Deklination	Bestimmung: Kasus, Numerus	
-is	consulis	consul	Kons.	Gen. Sg.	
	signis	signum	o-	Dat. Pl.	Abl. Pl.
	ventis	ventus	o-	Dat. Pl.	Abl. Pl.

		Nom. Sg.	Deklination	Bestimmung: Kasus, Numerus	
-a	dea	dea	a-	Nom. Sg.	Abl. Sg
	pericula	periculum	o-	Nom. Pl.	Akk. Pl.

		Nom. Sg.	Deklination	Bestimmung: Kasus, Numerus	
-i	servi	servus	o-	Gen. Sg.	Nom. Pl.
	patri	pater	Kons.	Dat. Sg.	
	verbi	verbum	o-	Gen. Sg.	

Lektion 10

S. 46

V1

a Das lateinische Imperfekt erkennt man an dem Zeichen **-ba-**.

b Das sind die sechs Imperfektformen: audiebatis, solebas, stabam, parebamus, petebant, laborabam.

c tacemus – valde – dormiebatis – hominibus – verba – debent – horrebat – parabant – oratorem – semper – dabat – agitis – voluptate – apportat – ubi – exspectabamus – iubeo – exempla – subito – gaudebas – urbes – manetis – liberam – sumunt

V2

	Präsens-stamm	Sprech-vokal	Tempus-Zeichen	Person-zeichen
cogitamus	cogita	–	–	mus
petunt	pet	u	–	nt
studebant	stude	–	ba	nt
errabatis	erra	–	ba	tis
venit	veni	–	–	t
dicis	dic	i	–	s
debebas	debe	–	ba	s
properat	propera	–	–	t
ludebant	lud	–	eb	nt

Nur das Imperfekt hat ein Tempus-Zeichen, das Präsens nicht.

S. 47

V3

a

Infinitiv	tacere		quaerere	
	Präsens	Imperfekt	Präsens	Imperfekt
1. Sg.	taceo	tacebam	quaero	quaerebam
2. Sg.	taces	tacebas	quaeris	quaerebas
3. Sg.	tacet	tacebat	quaerit	quaerebat
1. Pl.	tacemus	tacebamus	quaerimus	quaerebamus
2. Pl.	tacetis	tacebatis	quaeritis	quaerebatis
3. Pl.	tacent	tacebant	quaerunt	quaerebant

Infinitiv	audire		esse	
	Präsens	Imperfekt	Präsens	Imperfekt
1. Sg.	audio	audiebam	sum	eram
2. Sg.	audis	audiebas	es	eras
3. Sg.	audit	audiebat	est	erat
1. Pl.	audimus	audiebamus	sumus	eramus
2. Pl.	auditis	audiebatis	estis	eratis
3. Pl.	audiunt	audiebant	sunt	erant

b sperat: sperabat – auditis: audiebatis – solemus: solebamus – emunt: emebant – ludo: ludebam – dormis: dormiebas – sedent: sedebant – rogo: rogabam

c er schrie – clamabat / wir kauften – emebamus / sie gaben – dabant / du liefst – currebas / ich war – eram / ihr hofftet – sperabatis.

S. 48

d 1 petimus – 2 parent – 3 videt – 4 portatis – 5 manes – 6 (senkrecht) pugnabant – 6 (waagerecht) putabas – 7 sedebatis – 8 intrate – 9 defendite – 10 sume – 11 conveniunt – 12 audi – 13 ambulabam – 14 ago – 15 petebamus – 16 studebat

V4

a salutabamus – wir (be)grüßten; videbant – sie sahen; audiebat – er/sie/es hörte; ludebat – er/sie/es spielte; timebatis – ihr fürchtetet (euch); eramus – wir waren; agebam – ich handelte; vocabas – du riefst, eras – du warst; pugnabant – sie kämpften

b 1. Wir saßen in der Küche, als wir plötzlich ein lautes Klopfen hörten. – sedebamus
2. In jeden Ferien spielten sie am Meer. – ludebant
3. Ich stand vor dem Haus, da fiel ein Dachziegel herunter. – stabam
4. Mein Großvater suchte lange seine Brille, doch dann bemerkte er sie auf seiner Nase. – quaerebat

Lektion 11

S. 50 V1

a Das sind die sechs Perfektformen: cogitavisti, servaverunt, interrogavi, desiimus, vixistis, misit.

b Die Person-Zeichen im Perfekt:

1. Pers. Sg.	2. Pers. Sg.	3. Pers. Sg.	1. Pers. Pl.	2. Pers. Pl.	3. Pers. Pl.
i	isti	it	imus	istis	erunt

c wir – imus / du – isti / sie – erunt / ich – i / er, sie, es – it / ihr – istis

V2

a

Infinitiv	1. Sg. Präs.	1. Sg. Perf.	→	Perfektstamm
negare	nego	negavi	→	negav-
vivere	vivo	vixi	→	vix-
mittere	mitto	misi	→	mis-
mutare	muto	mutavi	→	mutav-
interrogare	interrogo	interrogavi	→	interrogav-
tacere	taceo	tacui	→	tacu
petere	peto	petivi	→	petiv-
sperare	spero	speravi	→	sperav-
studere	studeo	studui	→	studu-

S. 51

b

Infinitiv	Präsensstamm	Infinitiv	Perfektstamm
errare	erra-	mittere	mis-
laborare	labora-	trahere	trax-
stare	sta-	iacere	iacu-
praebere	praebe-	exspectare	exspectav-
dormire	dormi-	dicere	dix-
portare	porta-	cedere	cess-
desinere	desin-	petere	petiv-
audire	audi-	plaudere	plaus-
parere	pare-	manere	mans-

c Präsensstämme sind dunkelblau unterstrichen, Perfektsstämme rot.
abdux – ama – apparu – audi – ave – avo – caru – causa – dic – equite – exposu – fu – homo – intrav – iudice – lacrima – mane – neca – parav – pirata – plaud – primo – quaesiv – ris – salutav – sum – sumps – tenu – time – tota – trah – unus – urbs – valde – venti – vide – voce

V3

a

	Präsens	Perfekt	Präsens	Perfekt
Infinitiv	negare		mittere	
1. Sg.	nego	negavi	mitto	misi
2. Sg.	negas	negavisti	mittis	misisti
3. Sg.	negat	negavit	mittit	misit
1. Pl.	negamus	negavimus	mittimus	misimus
2. Pl.	negatis	negavistis	mittitis	misistis
3. Pl.	negant	negaverunt	mittunt	miserunt

S. 52

b

clamare	3. Sg. Perf.	clamavit
tacere	2. Sg. Perf.	tacuisti
audire	1. Pl. Perf.	audivimus
invadere	3. Pl. Perf.	invaserunt
rogare	2. Pl. Perf.	rogavistis
abducere	1. Sg. Perf.	abduxi
exponere	1. Sg. Perf.	exposui
timere	3. Sg. Perf.	timuit

V4

	Präsens-stamm	Perfekt-tamm	Sprech-vokal	Tempus-Zeichen	Person-Zeichen	Bestimmung
videbam	vide	–	–	ba	m	1. Sg. Imperf.
servaverunt	–	servav	–	–	erunt	3. Pl. Perf.
iubebat	iube	–	–	ba	t	3. Sg. Imperf.
dat	da	–	–	–	t	3. Sg. Präs.
traxisti	–	trax	–	–	isti	2. Sg. Perf.
agebamus	ag	–	e	ba	mus	1. Pl. Imperf.
vixi	–	vix	–	–	i	1. Sg. Perf.
emis	em	–	i	–	s	2. Sg. Präs.
ignorant	ignora	–	–	–	nt	3. Pl. Präs.

V5

tacuisti – du hast geschwiegen / **amavit** – er, sie, es hat geliebt / **timuimus** – wir haben gefürchtet / **luserunt** – sie haben gespielt / **traxistis** – ihr habt gezogen / **interrogavi** – ich habe gefragt / **desiit** – er, sie, es hat aufgehört / **clamavisti** – du hast geschrieen

Lektion 12

S. 54 V1

a vocare: vocaverunt – audire: audiverunt – sperare: speraverunt – clamare: clamaverunt – dormire: dormiverunt

b placere: placuit – tacere: tacuit – debere: debuit – timere: timuit – tenere: tenuit

c dicere: diximus – mittere: misimus – ridere: risimus – vivere: viximus – ludere: lusimus

d agere: egi – venire: veni – videre: vidi – sedere: sedi – emere: emi

e

Infinitiv	1. Sg. Präs.	1. Sg. Perf.	→	Perfektstamm
dare	do	dedi	→	ded-
currere	curro	cucurri	→	cucurr-
stare	sto	steti	→	stet-

S. 55

f

Infinitiv	1. Sg. Präs.	1. Sg. Perf.	→	Perfektstamm
statuere	statuo	statui	→	statu-
descendere	descendo	descendi	→	descend-
defendere	defendo	defendi	→	defend-

V2

mittere: misi – defendere: defenderunt – venire: venistis – audire: audivimus – tacere: tacuit – dare: dedisti – stare:steterunt – dicere: dixit

V3

Präsens-/Perfektstamm		Tempus-Zeichen	Sprechvokal	Person-Zeichen
rogavi	dabamus	audiunt		
mittimus	mansimus	stabam		
dormit	vocavisti	lusit		
sedebatis	defendunt	dedi		

N1

	Singular	Plural
Nom.	caput	capita
Gen.	capitis	capitum
Dat.	capiti	capitibus
Akk.	caput	capita
Abl.	capite	capitibus

Singular	Plural
genus	genera
generis	generum
generi	generibus
genus	genera
genere	generibus

	Singular	Plural
Nom.	corpus	corpora
Gen.	corporis	corporum
Dat.	corpori	corporibus
Akk.	corpus	corpora
Abl.	corpore	corporibus

Singular	Plural
numen	numina
numinis	numinum
numini	numinibus
numen	numina
numine	numinibus

S. 56

N2

a

o-Dekl.		a-Dekl.	Kons. Dekl.		
mask.	neutr.		mask.	fem.	neutr.
oculus	oraculum	ara	frater	lux	caput
populus	pretium	aqua	iudex	mors	corpus
puer	saxum	pugna	mons	salus	genus
reus	tergum	vita	rex	urbs	numen

b

	Nom. Sg., Gen. Sg.	o-Dekl.	a-Dekl.	Kons. Dekl.
fratribus	frater, fratris			✗
salute	salus, salutis			✗
cenae	cena, cenae		✗	
corpora	corpus, corporis			✗
humanitatis	humanitas, humanitatis			✗
regum	rex, regis			✗
capitis	caput, capitis			✗
filios	filius, filii	✗		
victori	victor, victoris			✗
virum	vir, viri	✗		
genere	genus, generis			✗
montem	mons, montis			✗

Übersetzen leicht gemacht III

S. 57

Ü9

Übersetzung der Sätze mit GÜS und SÜS:

Wenn[4] (→ *Bedingung*)

1. [3]Si[2] piratae Flaviam abduxerunt[1], [3]certe nunc serva est[1].

Hauptsatz	Gliedsatz **Si – wenn**
1. Prädikat: **est** – er/sie/es ist	1. **abduxerunt** – sie haben weggeführt
2. Subjekt: Person-Zeichen **-t**, steht für Flavia → sie ist	2. **piratae** → die Piraten haben weggeführt
3. Ergänzungen: *Was ist sie?* – **serva** → sie ist eine Sklavin	3. *Wen?* – **Flaviam** → die Piraten haben Flavia weggeführt
4. restliche Wörter: **certe** – sicherlich; **nunc** – nun	4. –
Wenn die Piraten Flavia entführt / verschleppt haben, ist sie sicherlich jetzt (eine) Sklavin.	

Weil[4] (→ *Begründung*)

2. [3]Pater Flaviae et Aulus vivunt[1], [3]quod[2] navis Graeca apparuit[1] atque nautae virum et puerum ex aqua traxerunt[1].

Hauptsatz	Gliedsatz **quod – weil**
1. Prädikat: **vivunt** – sie leben	1. **apparuit** – er/sie/es ist erschienen **traxerunt** – sie haben gezogen
2. Subjekt: **Pater et Aulus** → Vater und Aulus leben	2. **navis** → das Schiff ist erschienen **nautae** → die Seeleute haben gezogen
3. Ergänzungen: --	3. *Wen?* – **virum et puerum** → die Seeleute haben den Mann und den Jungen gezogen / *Woraus?* – **ex aqua** – aus dem Wasser
4. restliche Wörter: **Flaviae** – Gen., gehört zu **pater**. *Wessen Vater?* – Flavias	4. **Graeca** – Adj., gehört zu **navis**. griechisches Schiff
Flavias Vater und Aulus leben, weil ein griechisches Schiff erschienen ist und die Seeleute den Mann und den Jungen aus dem Wasser gezogen haben.	

Obwohl[4] (→ *nicht beachteter Grund*)

3. [3]Quamquam[2] pater Flaviae et Aulus matrem et Flaviam et Marcum ubique quaesiverant[1], [3]de sorte familiae nihil audiverunt[1].

Hauptsatz	Gliedsatz **quamquam – obwohl**
1. Prädikat: **audiverunt** – sie haben gehört	1. **quaesiverant** – sie hatten gesucht
2. Subjekt: Person-Zeichen **-nt**, steht für **pater Flaviae et Aulus** – sie haben gehört	2. **pater et Aulus** → Vater und Aulus hatten gesucht
3. Ergänzungen: *Was?* – **nihil** – nichts *Worüber?* – **de sorte** – über das Schicksal → sie haben nichts über das Schicksal gehört	3. *Wen?* – **matrem et Flaviam et Marcum** → Vater und Aulus hatten die Mutter und Flavia und Marcus gesucht
4. restliche Wörter: **familiae** – Gen., gehört zu **sorte**. *Wessen Schicksal?* – der Familie	4. **Flaviae** – Gen., gehört zu **pater**. *Wessen Vater?* – Flavias; **ubique** – überall
Obwohl Flavias Vater und Aulus die Mutter, Flavia und Marcus überall gesucht hatten, haben sie nichts über das Schicksal ihrer Familie gehört.	

S. 58 Ü10

Personen: <u>homines</u>, <u>dei</u>, vir, <u>Prometheus</u>, homo, fur

Es gibt zwei **Orte**: in terris (Z. 2), in terra (Z. 4.) – in den Ländern, auf der Erde; apud deos (Z. 6, Z. 10) – bei den Göttern

vir (Z. 3), homo (Z. 9) für (Z. 11 furi – Dat.) stehen für Prometheus.

wörtliche Rede: Z. 9/10:
„Ecce, ignem apportavi. Quamquam homo natus sum, apud deos fui et ibi ignem sumpsi." / dixit – 3. Sg. – Hier spricht Prometheus zu den Menschen.

Übersetzung: Einst / Früher hatten die Menschen kein Feuer / fehlte den Menschen das Feuer. Wenn die Sonne brannte, war / gab es Licht. Wenn die Sonne nicht erschien, war Nacht in den Ländern / auf der Erde. Die Götter aber kannten das Feuer sehr wohl, jedoch gaben sie es den Menschen nicht. Da hat ein (einziger) Mann die Götter überwunden / überlistet: Prometheus. Er lebte auf der Erde, aber die Götter hielten Prometheus für einen Freund. Deshalb pflegte Prometheus bei den Göttern zu sein; er war Gast der Götter und Göttinnen. Dennoch dachte Prometheus über das Wohl der Menschen nach. Deshalb nahm er das Feuer von den Göttern und brachte es zu den Menschen. Er sagte: „Schaut, ich habe das Feuer gebracht. Obwohl ich als Mensch geboren bin, bin ich bei den Göttern gewesen und dort habe ich das Feuer genommen." Die Menschen freuten sich sehr. Dem Dieb aber haben die Götter ein elendes Schicksal bereitet.

Lektion 13

S. 60 V1

Das sind die sechs Plusquamperfektformen:
scripserat, vendideram, cognoveratis, egeramus, iusseras, vocaverant.

„erat" ist 3.Sg. Imperfekt von „esse", „errant" ist 3. Pl. Präsens von „errare".

V2

a

Infinitiv	1. Sg. Präs.	1. Sg. Perf.		Perfektstamm	3. Pers. Sg. Plusqu.
legere	lego	legi	→	leg-	legerat
scribere	scribo	scripsi	→	scrips-	scripserat
movere	moveo	movi	→	mov-	moverat
videre	video	vidi	→	vid-	viderat
audire	audio	audivi	→	audiv-	audiverat
colere	colo	colui	→	colu-	coluerat

b

	Präsens	Imperfekt	Perfekt	Plusquamperfekt
1. Sg.	taceo	tacebam	tacui	tacueram
2. Sg.	taces	tacebas	tacuisti	tacueras
3. Sg.	tacet	tacebat	tacuit	tacuerat
1. Pl.	tacemus	tacebamus	tacuimus	tacueramus
2. Pl.	tacetis	tacebatis	tacuistis	tacueratis
3. Pl.	tacent	tacebant	tacuerunt	tacuerant

S. 61

c 1. flebat – 2. laboravistis – 3. mutaverat – 4. (senkrecht) pugnabatis – 4. (waagerecht) putabam – 5. studebas – 6. emerunt – 7. dormiveram – 8. amat – 9. tetigerant – 10. misimus – 11. servavisti – 12. vivunt – 13. traho – 14. manseramus – 15. dixit

V3

tacueras – du hattest geschwiegen; fueramus – wir waren gewesen; rogaveratis – ihr hattet gefragt; audiveram – ich hatte gehört; viderant – sie hatten gesehen; legerat – er hatte gelesen; scripseram – ich hatte geschrieben; luserant – sie hatten gespielt

S. 62 V4

	Präsens-stamm	Perfekt-stamm	Sprech-vokal	Tempus-Zeichen	Person-Zeichen
videbat	vide	–	–	ba	t
audiunt	audi	–	u	–	nt
traxerant	–	trax	–	era	nt
dedisti	–	ded	–	–	isti
dicitis	dic	–	i	–	tis
vocabas	voca	–	–	ba	s
dormiveramus	–	dormiv	–	era	mus
fuerant	–	fu	–	era	nt

N1

1. Piratae nos in insulam Cyprum abduxerunt. (Piraten haben uns auf die Insel Zypern entführt.) – 2. Vobiscum in insulam navigare studeo. (Ich will mit euch zur Insel segeln.) – 3. Spectacula mihi non placuerunt. (Die Schauspiele haben mir nicht gefallen.) – 4. De te nihil cognovi. (Ich habe nichts über dich erfahren.) – 5. Vos semper defendi. (Ich habe euch immer verteidigt.)

Lektion 14

S. 64 V1

Das sind die zehn Infinitive: valere – timere – statuere – opprimere – movere – imponere – edere – quaerere – mittere – dare. Als Lösungswort ergibt sich der Infinitiv respondere.

N1

a

	o-Dekl.		a-Dekl.	Kons. Dekl.	
	m.	n.		m. + f.	n.
Sg.	-um	-um	-am	-em	wie Nom. Sg.
Pl.	-os	-a	-as	-es	-a

b Das sind die fünf Formen im Akkusativ Singular: pugnam – hominem – corpus – oculum – oppidum.
Das sind die fünf Formen im Akkusativ Plural: reges – aquas – vitia – populos – capita.

S. 65 S1

a dicere – sagen, sprechen; respondere – antworten; audire – hören; videre – sehen; putare – glauben, meinen; sentire – fühlen, merken; legere – lesen; scribere – schreiben; cognoscere – erkennen, erfahren; scire – wissen; gaudere – sich freuen; iubere – befehlen, beauftragen

b 1. Quintus weiß, **dass** die Freunde auf dem Forum <u>spielen</u>. 2. Der Herr merkt, **dass** Diebe in das Haus <u>eindringen</u> / einbrechen. 3. Die Menschen glauben, **dass** die Götter immer Hilfe <u>bringen</u>. 4. Die Seemänner sehen, **dass** der Wind jetzt günstig <u>ist</u>. 5. Die Sklavin hat gesagt, **dass** die Gäste schon <u>kommen</u>. 6. Der Arzt hat erkannt, **dass** der Mann ohne Bewusstsein <u>daliegt</u>.

c 1. Dominus [servos in foro ambulare] scit. – Der Herr weiß, dass die Sklaven auf dem Forum spazieren gehen. 2. Medicus [matronam in periculo non iam esse] gaudet. – Der Arzt freut sich, dass die Frau nicht mehr in Gefahr ist. 3. Romani [deos deasque hominibus auxilium dare] putabant. – Die Römer glaubten, dass die Götter und Göttinnen den Menschen Hilfe bringen. 4. [Homines laetos semper ridere] audivi. – Ich habe gehört, dass fröhliche Menschen immer lachen.

S. 66

d Subjektsakkusativ und das Subjekt des deutschen dass-Satzes sind rot unterstrichen, der Prädikatsinfinitiv und das Prädikat des deutschen dass-Satzes blau.

1. Pater noctem iam appropinquare dicit. – Der Vater sagt, dass die Nacht sich schon nähere.
2. Subito servi saxa in via iacere vident. – Plötzlich sehen die Sklaven, dass Steine auf der Straße liegen.
3. Quintus patrem magna voce clamare audit. – Quintus hört, dass sein Vater mit lauter Stimme schreit.
4. Pater Quintum maestum esse non sentit. – Der Vater spürt nicht, dass Quintus traurig ist.
5. Amcium iuxta avum sedere Flavia sperat. – Flavia hofft, dass ihr Freund neben dem Großvater sitzt.
6. Patrem Quinti provinciam administrare imperator iussit. – Der Kaiser hat befohlen, dass Quintus' Vater die Provinz verwaltet.

Lektion 15

S. 68 N1

Diese Adjektive gehören zur Konsonantischen Deklination: **acer, acris, acre – brevis, brevis, breve – facilis, facilis, facile – felix, felix, felix – gravis, gravis, grave – mortalis, mortalis, mortale – omnis, omnis, omne.**

„asper, dexter, liber, pulcher" gehören zur a-/o-Deklination; das siehst du an den Endungen der Feminin- und Neutrum-Formen, z. B.: „aspera, asperum"

N2

Abl. Sg. f: **in urbe pulchra** – Gen. Sg. m.: **consulis felicis** – Akk. Pl. m.: **deos magnos**; Gen. Pl. m.: **hominum liberorum** – Akk. Sg. f.: **matrem bonam** – Nom. Sg. m.: **vir felix**; Nom./(Akk.) Pl. m.: **montes alti** – Nom./Akk. Pl. n.: **verba acria** – Nom./Akk. Sg. n.: **tempus breve** – Abl. Sg. n.: **in itinere longo** – Dat./Abl. Pl. f.: **curis gravibus** – Nom./Akk. n.: **oppidum pulchrum**

N3

a

	Singular	Plural
Nom.	frater meus	fratres mei
Gen.	fratris mei	fratrum meorum
Dat.	fratri meo	fratribus meis
Akk.	fratrem meum	fratres meos
Abl.	fratre meo	fratribus meis

Singular	Plural
iter nostrum	itinera nostra
itineris nostri	itinerum nostrorum
itineri nostro	itineribus nostris
iter nostrum	itinera nostra
itinere nostro	itineribus nostris

S. 69

b

mein	dein	unser	euer
in epistula mea – in meinem Brief	tua amica – deine Freundin	in villa nostra – in unserem Haus	in nave vestra – in eurem Schiff
cum meis fratribus – mit meinen Brüdern	tuum vitium – dein Fehler	agrum nostrum – unser Feld / unseren Acker	vester canis – euer Hund
gladii mei – meine Schwerter	auxilio tuo – mit deiner Hilfe	pater noster – unser Vater	curas vestras – eure Sorgen

c 1. **Mea verba audio. → Orator verba sua audit.** – Der Redner hört seine Worte.
2. **Meum gladium sumo. → Victores gladios suos sumunt.** – Die Sieger nehmen ihre Schwerter.
3. **Meae matri donum do. → Amica matri suae donum dat.** – Die Freundin gibt ihrer Mutter ein Geschenk.
4. **Meos fratres amo. → Consul fratres suos amat.** – Der Konsul liebt seine Brüder.

N4

1. **Nunc patronus tacet et reus pro se dicit.** – Jetzt schweigt der Anwalt und der Angeklagte spricht für sich (selbst).
2. **Flavia se vertit in amicum.** – Flavia dreht sich zu ihrem Freund um.
3. **Nautae se ex periculis servaverunt.** – Die Seemänner haben sich aus den Gefahren gerettet.

S. 70 S1

1. **Amici: „Quintus Flaviam amat."** – Die Freunde sagen: „Quintus liebt Flavia."
a **Amici narrant Quintum Flaviam amare.** – Die Freunde erzählen, dass Quintus Flavia liebt.
b **Quintus: „Amici narrant me Flaviam amare."** – Quintus sagt: „Meine Freunde erzählen, dass ich Flavia liebe."
c **Mater ad Quintum: „Amici narrant te Flaviam amare".** – Die Mutter sagt zu Quintus: „Deine Freunde erzählen, dass du Flavia liebst."

„Flaviam" ist Akkusativ-Objekt zu „amare".

2. **Consul putat: Senatores pericula timent.** – Der Konsul glaubt: Die Senatoren fürchten die Gefahren / haben Angst vor den Gefahren.
a **Consul senatores pericula timere putat.** – Der Konsul glaubt, dass die Senatoren die Gefahren fürchten.
b **Consul ad senatores: „Vos pericula timere puto."** – Der Konsul sagt zu den Senatoren: „Ich glaube, dass ihr die Gefahren fürchtet."
c **Senatores: „Consul nos pericula timere putat."** – Die Senatoren sagen: „Der Konsul glaubt, dass wir die Gefahren fürchten."
3. **Nautae piratas non timent.** – Die Seemänner fürchten die Piraten nicht / haben keine Angst vor den Piraten.
a **Audivi nautas piratas non timere.** – Ich habe gehört, dass die Seemänner die Piraten nicht fürchten.
b **Nautae se piratas non timere dicunt.** – Die Seemänner sagen, dass sie die Piraten nicht fürchten.
c **Nautae: „Audivistine nos piratas non timere?"** – Die Seemänner sagen: "Hast du gehört, dass wir die Piraten nicht fürchten?"
4. **Flavia libera puella nata est.** – Flavia ist als freies Mädchen geboren.
a **Galla dicit: „Flaviam liberam puellam esse scio."** – Galla sagt: „Ich weiß, dass Flavia ein freies Mädchen ist."
b **Flavia clamat: „Quis me liberam puellam esse ignorat?"** – Flavia schreit: "Wer weiß nicht, dass ich ein freies Mädchen bin?"
c **Flavia Quinto se nunc servam esse scribit.** – Flavia schreibt Quintus, dass sie nun eine Sklavin ist.

Lektion 16

S. 72 N1

a Die Form eis fehlt, z. B. im Abl. Pl. n.

	Singular			Plural		
	m.	f.	n.	m.	f.	n.
Nom.	is	ea	id	ii	eae	ea
Gen.	eius	eius	eius	eorum	earum	eorum
Dat.	ei	ei	ei	eis	eis	eis
Akk.	eum	eam	id	eos	eas	ea
Abl.	eo	ea	eo	eis	eis	eis

b 1. Sie fragt uns. – **nos** 2. Ich hole ihn ab. – **eum**. 3. Das waren wir, nicht ihr! – **nos, vos** 4. Wer geht mit mir? – **mecum** 5. Wo sind die Mädchen, wer sieht sie? – **eas** 6. Verzeiht uns! – **nobis** 7. Deine Brüder rufen dich, antworte ihnen. – **te, eis**

c 1. Consul servum vocat et <u>servo</u> epistulam dat. – ei
2. Quintus amicos convenit et cum <u>amicis</u> per forum ambulat. – cum eis
3. Flavia Quintum quaerit et <u>Quintum</u> in foro ambulare videt. – eum
4. Domina servas vocat et <u>servis</u> labores imponit. – eis
5. Piratae nautas invadunt et <u>nautas</u> in mare praecipitant. – eos

S. 73 N2

a 1. in villa sua – in villa earum 2. matrem suam – matrem eius 3. canem suum – canem eorum 4. verba sua – verba eius

b Der „Besitzer" ist im deutschen Satz rot unterstrichen.
1. Die Senatoren grüßen die <u>Konsuln</u> und seine Freunde.
2. Die Sklaven laufen mit dem <u>Herrn</u> durch die Stadt und suchen seinen Esel.
3. Zuerst haben die <u>Piraten</u> das Schiff der Seeleute überfallen, dann haben sie die Menschen auf ihr Schiff gebracht/verschleppt.

Da „eius / eorum, earum" als Possessiv-Pronomen nicht reflexiv ist, bezieht es sich nicht auf das Subjekt des Satzes. Der „Besitzer" kann also nicht das Subjekt des Satzes sein.

V1

Den Perfektstamm erhältst du, wenn du von der 1. Sg. Perfekt das Person-Zeichen, das i, wegstreichst.

Infinitiv Präsens	1. Sg. Präs	1. Sg. Perf	Perfektstamm	Infinitiv Perfekt
tenere	teneo	tenui	tenu-	tenuisse
mittere	mitto	misi	mis-	misisse
clamare	clamo	clamavi	clamav-	clamavisse
narrare	narro	narravi	narrav-	narravisse
videre	video	vidi	vid-	vidisse

S. 74 S1

a Heute lesen wir, 1. dass die Söhne des Königs Priamus in Griechenland gewesen sind. 2. … dass Helena nach Troja gesegelt ist. 3. … dass alle die schöne Frau geliebt / gemocht haben.4. … dass die Griechen die Trojaner angegriffen haben.

b 1. Multos homines nunc unum deum solum <u>colere</u> scimus. (GZ) – Wir wissen, dass viele Menschen jetzt einen einzigen Gott verehren.
2. Amici Quintum Flaviam <u>amare</u> narrant. (GZ) – Die Freunde erzählen, dass Quintus Flavia liebt.
3. Cognovi Quintum Flaviam <u>amavisse</u>. (VZ) – Ich habe erfahren, dass Quintus Flavia geliebt hat.
4. Audivi amicos meos in foro <u>esse</u>. (GZ) – Ich habe gehört, dass meine Freunde auf dem Forum waren.
5. Te in foro non <u>fuisse</u> audivi. (VZ) – Ich habe gehört, dass du nicht auf dem Forum gewesen bist.

Zum Zeitpunkt des Hörens findet auch die Handlung im AcI statt, zur gleichen Zeit sind die Freunde auf dem Forum.

Zum Zeitpunkt des Hörens liegt die Aussage im AcI schon in der Vergangenheit.

Übersetzen leicht gemacht IV

S. 75 Ü1

1.

AcI ?	Ja	Nein	bei Nein: Welche „Spur" fehlt?
1. Dominus clamorem servi audit.		✗	Infinitiv fehlt
2. Servus furem venire clamat.	✗		
3. Asino non licet ante villam stare.		✗	Akkusativ für Subjektsakkusativ fehlt (villam gehört zu ante) Verb+AcI fehlt
4. Nautae navem invadere parant.		✗	Verb+AcI fehlt
5. Puto Flaviam adhuc vivere.	✗		

Übersetzung: Satz 2: Der Sklave schreit, dass ein Dieb kommt. Satz 5: Ich glaube, dass Flavia immer noch lebt.

S. 76

2. In Satz 4 ist kein AcI, es gibt keinen Infinitiv.
1. Apud Homerum legimus [deos Troianis auxilium dedisse]. – Bei Homer lesen wir, dass die Götter den Trojanern Hilfe gegeben haben / geholfen haben.
2. Venus dea, ubi audivit [Paridem Helenam e Sparta abduxisse], valde gaudebat. – Sobald die Göttin Venus hörte, dass Paris Helena aus Sparta entführt hatte, freute sie sich sehr.
3. Nam [eam feminam inter omnes pulcherrimam esse] sciebat. – Denn sie wusste, dass diese Frau die schönste unter allen war.
4. Et Venus Paridi iuveni feminam omnium pulcherrima promiserat. – Und Venus hatte dem jungen (Mann) Paris die schönste Frau von allen versprochen.
5. Itaque Paris [deam amoris Troiam defendere] putavit. – Deshalb glaubte Paris, dass die Göttin der Liebe Troja verteidigte.

Ü2

1. Flavia sagt zu Galla: „Ich habe geschrieben, dass wir in Gallien sind."
2. Flavia schreibt, dass sie (selbst) jetzt eine Sklavin ist.
3. Galla weiß, dass sie (= Flavia) eine römische Bürgerin ist.

Lektion 17

S. 78 N1

1. <u>Cui</u> …? *Wem?* – Theseus / 2. Quem …? *Wen?* – Minotaurus / 3. Cuius …? *Wessen?* – Minos / 4. Quis …? *Wer?* – Daedalus / 5. <u>Quid</u> …? *Was?* – Menschen fressen

V1

a timebo – negabunt – videbimus – parebitis – errabit – habebo – narrabis
Keine Futurform ist **scribunt**. Das b gehört zum Stamm scrib- und das **u** ist der Sprechvokal in der 3.Pl.Präsens.

b Futurformen mit „b" sind rot unterstrichen, Imperfektformen mit „ba" dunkelblau.
<u>dabit</u> – <u>terrebam</u> – <u>dabatis</u> – <u>orabamus</u> – <u>studebimus</u> – <u>curabo</u> – <u>orabimus</u> – <u>errabat</u> – <u>mittebant</u> – <u>iacebunt</u> – <u>flebat</u> – <u>scribebamus</u>– <u>orabunt</u> – <u>videbo</u> – <u>timebit</u> – <u>putabat</u>

c cadam – quaeram – sentiam – ducam – veniam – ponam

Nur Verben der i-Konjugation oder der Kons. Konjugation bilden die 1.Sg. Futur mit -a.

S. 79

d leget – agemus – audient – scribes – petent

Nur Verben der i-Konjugation oder der Kons. Konjugation bilden Futurformen mit -e.

e

Wie man Verben der i-Konjugation und der Kons. Konjugation voneinander unterscheiden kann, kannst du in 5 V1 nachlesen. Sichere Stammformenkenntnisse sind auch wichtig.

e-Konj.:		Kons.Konj.:	
Präsens	Infinitiv + 1. Sg.	Futur I	Infinitiv + 1. Sg.
timet	timere, timeo	tradent	tradere, trado
manemus	manere, maneo	aget	agere, ago
movent	movere, moveo	dices	dicere, dico
fles	flere, fleo	vivent	vivere, vivo

V2 a

	tacere	audire	esse
1. Sg.	tacebo	audiam	ero
2. Sg.	tacebis	audies	eris
3. Sg.	tacebit	audiet	erit
1. Pl.	tacebimus	audiemus	erimus
2. Pl.	tacebitis	audietis	eritis
3. Pl.	tacebunt	audient	erunt

b

	1. Sg.	2. Sg.	3. Pl.
navigare	navigabo	navigabit	navigabunt
agere	agam	aget	agent
dormire	dormiam	dormiet	dormient
sedere	sedebo	sedebit	sedebunt
esse	ero	erit	erunt

S. 80 **V3** a Das Futur I verwendet man im Lateinischen bei Ereignissen oder Handlungen, die **in der Zukunft** liegen. Im Deutschen verwenden wir oft einfach nur **Präsens**, besonders, wenn Zeitangaben vorkommen, die auf die Zukunft hinweisen.

b **tacebitis** – ihr werdet schweigen / **erimus** – wir werden sein / **narrabunt** – sie werden erzählen / **scribam** – ich werde schreiben / **vives** – du wirst leben / **vocabit** – er, sie, es wird rufen / **liberabo** – ich werde befreien / **ducent** – sie werden führen

V4

	Präsens-stamm	Perfekt-stamm	Sprech-vokal	Tempus-Zeichen (+ Sprechvokal)	Person-Zeichen	Übersetzung
tradideramus	–	tradid	–	era	mus	wir hatten überliefert
orabunt	ora	–	–	bu	nt	sie werden bitten
sedeo	sede	–	–	–	o	ich sitze
opprimebam	opprim	–	–	eba	m	ich unterdrückte
credunt	cred	–	u	–	nt	sie glauben
miseras	–	mis	–	era	s	du hattest geschickt
interrogavit	–	interrogav	–	–	it	er hat gefragt
ludemus	lud	–	–	e	mus	wir werden spielen
putabat	puta	–	–	ba	t	er glaubte
parabo	para	–	–	b	o	ich werde vorbereiten

Lektion 18

S. 82 **V1** a ich gehe – **eo** / wir gehen – **imus** / geht! – **ite** / wir gingen – **ibamus** / du wirst gehen – **ibis** / er geht – **it** / er war gegangen – **ierat** / ihr seid gegangen – **istis** / sie ist gegangen – **iit**

b **ibam** – ich ging / **ieramus** – wir waren gegangen / **i!** – geh! / **ibo** – ich werde gehen / **eunt** – sie gehen / **iimus** – wir sind gegangen / **is** – du gehst / **ii** – ich bin gegangen / **ibat** – er ging / **ibimus** – wir werden gehen

c 1. **Quinte, quo is?** – Quintus, wohin gehst du? / 2. **Cum eo saepe lusi.** – Mit ihm habe ich oft gespielt. / 3. **Post cenam ad amicos ii.** – Nach dem Abendessen bin ich zu den Freunden gegangen. / 4. **Ii homines me ex servitute liberaverunt.** – Diese Menschen haben mich aus der Sklaverei befreit. / 5. **Is vir homo bonus est.** – Dieser Mann ist ein guter Mensch. / 6. **Nunc domum eo.** – Jetzt gehe ich nach Hause.

S. 83 **N1** a **eum** – ihn / **ea** – sie / **eos** – sie / **ei** – ihm, ihr / **eis** – ihnen / **eam** – sie / **ei** – ihr, ihm / **ea** – sie / **id** – es / **ii** – sie / **is** – er / **eas** – sie

Das deutsche Personal-Pronomen „sie" steht für Nom., Akk. Sg. f. und für Nom., Akk.Pl. m., f. und n.

b **is senator** (Nom.) – dieser Senator / **in ea urbe** (Abl.) – in dieser Stadt / **id oppidum** (Nom. / Akk.) – diese Stadt / **eos gladios** (Akk.) – diese Schwerter / **eo tempore** (Abl.) – in/zu dieser Zeit / **ei populo** (Dat.) – diesem Volk / **ea pericula** (Nom. / Akk.) – diese Gefahren / **ea pugna** (Nom. / Abl.) – dieser Kampf; in, bei diesem Kampf / **eam fabulam** (Akk.) – diese Geschichte / **eae feminae** (Nom.) – diese Frauen / **ii reges** (Nom.) – diese Könige

c 1. Der Konsul hat eine Tochter. Ihr /Deren Name ist Julia. 2. Das Volk hört die Worte des Redners. Seine / Dessen Worte gefallen den Menschen sehr. 3. Die Römer hatten Sklaven. Ihr / Deren Leben war oft elend.

N2 sechs Mal: **quibus** – vier Mal: **quae**, – je drei Mal: **cuius, cui**

S. 84 **S1** a 1. Die Bücher von Asterix und Obelix erzählen von Galliern, die sich gegen die Römer wehren. – **qui**
2. Der bekannteste von ihnen ist Asterix, dessen Klugheit hilft die Probleme zu lösen. – **cuius**
3. Ebenso bekannt ist Obelix, über den gesagt wird, dass er als Kind in den Zaubertrank gefallen sei. – **de quo**
4. Die Römer, deren Lager um das Dorf der Gallier herum liegen, können sie nicht besiegen. – **quorum**
5. Auch Caesar, dem regelmäßig von den Ereignissen berichtet wird, ist hilflos. – **cui**

b 1. **Piratae viros, qui** (Nom. Pl. m.) **se defendebant, in mare praecipitaverunt.** – Die Piraten haben die Männer, die sich verteidigten, ins Meer geworfen.
2. **Quintus epistulam, in qua** (Abl. Sg. f.) **Flavia auxilium petivit, iterum atque iterum legit.** – Quintus hat den Brief, in dem Flavia um Hilfe bittet, wieder und wieder gelesen.
3. **Quintus, a quo** (Abl. Sg. m.) **Flavia auxilium petiverat, cum patre in Galliam iit.** – Quintus, von dem Flavia Hilfe erbeten hatte / den Flavia um Hilfe gebeten hatte, ist mit seinem Vater nach Gallien gegangen.
4. **Piratae, qui** (Nom. Pl. m.) **Flaviam et Gallam abduxerant, alios homines in mare praecipitaverunt.** – Die Piraten, die Flavia und Galla entführt hatten, haben die anderen Menschen ins Meer geworfen.
5. **Flavia monumentum, quod** (Akk. Sg. n.) **Romani ad honorem Traiani exstruxerunt, explanat.** – Flavia erklärt das Bauwerk, das die Römer zu Ehren von Trajan erbaut haben.

Lektion 19

S. 86

V1

a Das Futur II erkennt man am Zeichen **-eri**.

b Diese sieben Verbformen stehen im Futur II: duxerit – voluero – egerint – viderimus – posuerint – liberaveris – fueritis.

V2

	tacere	legere	esse
1. Sg.	tacuero	legero	fuero
2. Sg.	tacueris	legeris	fueris
3. Sg.	tacuerit	legerit	fuerit
1. Pl.	tacuerimus	legerimus	fuerimus
2. Pl.	tacueritis	legeritis	fueritis
3. Pl.	tacuerint	legerint	fuerint

V3

1. Sobald ich gegessen habe („gegessen haben werde"), schlafe ich / werde ich schlafen.
2. Sobald meine Brüder nach Hause kommen („gekommen sein werden"), spielen wir / werden wir spielen.
3. Die Seemänner sagen: „Wenn die Piraten uns sehen („gesehen haben werden"), greifen sie das Schiff an / werden sie angreifen."
4. Wenn ihr euch beeilt („beeilt haben werdet"), kommt ihr / werdet ihr rechtzeitig ankommen.

Die deutschen Futur II-Formen, die in Klammern und Anführungszeichen angegeben sind, werden im normalen Sprachgebrauch so nicht verwendet.

S. 87

V4

a

1. Sg.	volo	ich will	nolo	ich will nicht
2. Sg.	vis	du willst	non vis	du willst nicht
3. Sg.	vult	er/sie/es will	non vult	er/sie/es will nicht
1. Pl.	volumus	wir wollen	nolumus	wir wollen nicht
2. Pl.	vultis	ihr wollt	non vultis	ihr wollt nicht
3. Pl.	volunt	sie wollen	nolunt	sie wollen nicht

b **nolebas:** 2.Sg.Imperf. – du wolltest nicht; **noletis:** 2.Pl.Fut.I – ihr werdet nicht wollen; **vis:** 2.Sg.Präs. – du willst; **voluerant:** 3.Pl. Plusqu. – sie hatten gewollt; **nolumus:** 1.Pl.Präs. – wir wollen nicht; **volebamus:** 1.Pl. Imperf. – wir wollten; **noluisti:** 2.Sg.Perf. – du hast nicht gewollt; **volam:** 1.Sg. Fut. I – ich werde wollen

c **velle:** 1.Pl.Fut.: **volemus**; 3.Sg.Imperf.: **volebat**; 2.Pl.Perf.: **voluistis**; **nolle:** 2.Sg.Plusqu.: **nolueras**; 1.Sg.Präs.: **nolo**; 3.Pl.Fut.II.: **noluerint**

S. 88

N1

a **tria genera** – Nom./Akk.; **duae fabulae** – Nom.; **unius viri** – Gen.; **tribus corporibus** – Dat./Abl.; **una uxor** – Nom.; **duos cives** – Akk.; **tres arbores** – Nom. /Akk.; **uni regi** – Dat.; **duorum senatorum** – Gen.

b

Nom.	una urbs	duo oppida	tres viae
Gen.	unius urbis	duorum oppidorum	trium viarum
Dat.	uni urbi	duobus oppidis	tribus viis
Akk.	unam urbem	duo oppida	tres vias
Abl.	in una urbe	in duobus oppidis	in tribus viis

N2

1. Amico canis est. – „Dem Freund ist / gehört ein Hund." Der Freund hat einen Hund.
2. Tibi multi amici erunt. – „Dir werden viele Freunde sein / gehören." Du wirst viele Freunde haben.
3. Oratori magna vox non erat. – „Dem Redner war / gehörte keine laute Stimme." Der Redner hatte keine laute Stimme.
4. Mox vobis villa pulchra erit. – „Bald wird euch ein schönes Haus sein / gehören." Bald werdet ihr ein schönes Haus haben / besitzen.
5. Victori animus clemens fuit. – „Dem Sieger war ein mildes Herz." Der Sieger hatte ein mildes Herz.

Lektion 20

S. 100

V1

a Diese beiden Aussagen über die Kurzvokalische i-Konjugation sind richtig: Der Infinitiv endet auf -ere. Zum Präsensstamm gehört ein **-i**.

b Diese fünf Verben gehören zur kurzvokalischen i-Konjugation: cupere, cupio – accipere, accipio – conspicere, conspicio – incipere, incipio – aspicere, aspicio.

V2

a

e-Konjugation	Kons. Konjugation	Kurzvokalische i-Konjugation
ridere, rideo	legere, lego	capere, capio

b

		a-Konj.	e-Konj.	i-Konj.	Kons. Konj.	Kurzvok. i – Konj.
venire	venio			✗		
colere	colo				✗	
cupere	cupio					✗
movere	moveo		✗			
mittere	mitto				✗	
conspicere	conspicio					✗
narrare	narro	✗				
aperire	aperio			✗		

S. 101

c

	Stammformen	Konjugation
aspiciebat	aspicere, aspicio, aspexi	Kurzvok. i-Konj.
putamus	putare, puto, putavi	a-Konj.
student	studere, studeo, studui	e-Konj.
venietis	venire, venio, veni	i-Konj.
movebunt	movere, moveo, movi	e-Konj.
ducis	ducere, duco, duxi	Kons. Konj.
capimus	capere, capio, cepi	Kurzvok. i-Konj.
orabat	orare, oro, oravi	a-Konj.

d dormire – ducere – scire; ducere gehört zur Kons. Konj., nicht zur i-Konj.
manere – mittere – movere; mittere gehört zur Kons. Konj., nicht zur e-Konj.
pugnare – praebere – putare; praebere gehört zur e-Konj., nicht zur a-Konj.
capere – cupere – currere; currere gehört zur Kons. Konj., nicht zur Kurzvok. i-Konj.
convenire – stare – interrogare; convenire gehört zur i-Konj., nicht zur a-Konj.

V3

a

1. Sg.	cupio	dormio
2. Sg.	cupis	dormis
3. Sg.	cupit	dormit
1. Pl.	cupimus	dormimus
2. Pl.	cupitis	dormitis
3. Pl.	cupiunt	dormiunt

S. 102 b

1. Sg. Imperfekt	3. Sg. Präsens	2. Sg. Perfekt	3. Sg. Plusquamperfekt
capiebam	capit	cepisti	ceperat
2. Pl. Futur I	2. Sg. Plusquamperf.	3. Pl. Präsens	1. Pl. Perfekt
capietis	ceperas	capiunt	cepimus

V4

	Vorsilbe	Form von esse	Bestimmung	Übersetzung
intereratis	inter	eratis	2. Pl. Imperf.	ihr nahmt teil
aberimus	ab	erimus	1. Pl. Fut. I	wir werden abwesend sein
affuit	af = ad	fuit	3. Sg. Perf.	er/sie/es ist anwesend gewesen
intererunt	inter	erunt	3. Pl. Fut. I	sie werden teilnehmen
aderam	ad	eram	1. Sg. Imperf.	ich war anwesend
afuerunt	a = ab	fuerunt	3. Pl. Perf.	sie sind abwesend gewesen
interfuerant	inter	fuerant	3. Pl. Plusqu.	sie hatten teilgenommen
abest	ab	est	3. Sg. Präs.	er/sie/es ist abwesend

V5

3. Sg. Perf.: **potuit** – er/sie/es hat gekonnt; 1. Pl. Präs.: **possumus** – wir können; 3. Pl. Plqupf.: **potuerant** – sie hatten gekonnt; 2. Sg. Imperf.: **poteras** – du konntest; 2. Pl. Präs.: **potestis** – ihr könnt; 3. Pl. Perf.: **potuerunt**: sie haben gekonnt; 1. Sg. Fut I.: **potero** – ich werde können

Vokabeln zum Nachschlagen

abesse, absum, afui	abwesend sein
acer, acris, acre	heftig; hitzig
adesse, adsum, affui	anwesend sein; helfen
agere, ago, egi	tun; handeln
ambulare, -o, -avi	(spazieren) gehen
amor, amoris m.	die Liebe
apparere, -eo, -ui	erscheinen
appropinquare, -o, -avi	sich nähern
arbor, arboris f.	der Baum
arma, armorum n	die Waffen
asinus	der Esel
aspicere, aspicio, aspexi	anblicken
audire, -io, -ivi	hören
auxilium	die Hilfe
avus	der Großvater
bonus, -a, -um	gut
brevis, brevis, breve	kurz
canis, canis m.	der Hund
capere, capio, cepi	nehmen, erobern; fassen
caput, capitis n.	der Kopf
civis, civis m.	der Bürger
clamare, -o, -avi	schreien
clamor, clamoris m.	der Schrei
cogitare, -o, -avi	denken, nachdenken
cognoscere, cognosco, cognovi	erfahren; erkennen
colere, colo, colui	pflegen; verehren; bebauen
conspicere, -spicio, -spexi	erblicken
convenire, -io, -veni	zusammenkommen
corpus, corporis n.	der Körper
cum (+ Abl.)	mit
cupere, cupio, cupivi	wünschen
cura	Sorge
currere, curro, cucurri	laufen
dare, do, dedi	geben
dea	Göttin
debere, -eo, -ui	müssen; verdanken; schulden
defendere, -fendo, -fendi	verteidigen
desinere, -sino, -sii	aufhören
desperare, -o, -avi	verzweifeln
dicere, dico, dixi	sagen; sprechen
donum	das Geschenk
dormire, -io, -ivi	schlafen
eques, equitis m.	der Reiter, der Ritter
equus	das Pferd

esse, sum, fui	sein
etiam	auch; sogar
explanare, -o, -avi	erklären
exspectare, -o, -avi	warten (auf)
exstruere, -struo, -struxi	errichten
felix, felix, felix	glücklich
fur, furis m.	der Dieb
gaudere, -eo	sich freuen
genus, generis n.	das Geschlecht; die Art
gravis, gravis, grave	schwer; ernst
homo, hominis m.	der Mensch
iacere, -eo, -ui	liegen
imponere, -pono, -posui	setzen, stellen, legen
incitare, -o, -avi	antreiben
interesse, -sum, -fui	teilnehmen
interrogare, -o, -avi	fragen
intrare, -o, -avi	eintreten
invadere, -vado, -vasi	eindringen, angreifen
ire, eo, ii	gehen
iubere, -eo, -ui	befehlen, beauftragen
iudex, iudicis m.	der Richter
labor, laboris m.	die Arbeit; die Anstrengung
lacrima	die Träne
laetus, -a, -um	fröhlich
legere, lego, legi	lesen
liber, -era, -erum	frei
ludere, ludo, lusi	spielen
maestus, -a, -um	traurig
manere, -eo, mansi	bleiben
mens, mentis f.	der Geist
meus, -a, -um	mein
miser, -era, -erum	elend, unglücklich
mittere, mitto, misi	schicken
movere, moveo, movi	bewegen
multi, -ae, -a	viele
narrare, -o, -avi	erzählen
nauta, -ae m.	der Seemann
navigare, -o, -avi	segeln
navis, navis f.	das Schiff
negare, -o, -avi	leugnen; ablehnen
nolle, nolo, nolui	nicht wollen
nonne	denn nicht? etwa nicht?
noster, -tra, -trum	unser
novus, -a, -um	neu
numen, numinis n.	die Gottheit
nuntius	der Bote; die Botschaft
oppidum	die Stadt
opprimere, -primo, -pressi	unterdrücken; überfallen
orare, -o, -avi	beten; bitten
orator, oratoris m.	der Redner
parere, -eo, -ui	gehorchen
periculum	die Gefahr

petere, peto, petivi	bitten; angreifen, aufsuchen
placere, -eo, -ui	gefallen
posse, possum, potui	können
praecipitare, -o, -avi	stürzen
properare, -o, -avi	eilen; sich beeilen
puer, pueri m.	der Junge
pugna	der Kampf
pulcher, -chra, -chrum	schön
putare, -o, -avi	glauben, meinen
quaerere, quaero, quaesivi	suchen; fragen
redire, redeo, redii	zurückgehen
regina	die Königin
respondere, -spondeo, -spondi	antworten
rex, regis m.	der König
ridere, -eo, risi	lachen
robustus, -a, -um	kräftig
rogare, -o, -avi	fragen; bitten
saepe	oft
salutare, -o, -avi	(be)grüßen
scire, scio, scivi	wissen, verstehen
scribere, scribo, scripsi	schreiben
secundus, -a, -um	der zweite; günstig
sedere, -eo, sedi	sitzen
sentire, -io, sensi	fühlen; merken
serva	die Sklavin
servare, -o, -avi	retten
servitus, servitutis f.	die Sklaverei
signum	das Zeichen
silentium	die Ruhe
sine (+ Abl.)	ohne
sol, solis m.	die Sonne
solere, soleo	gewohnt sein
spectaculum	das Schauspiel
stare, sto, steti	stehen
sumere, sumo, sumpsi	nehmen
tacere, -eo, -ui	schweigen
tempus, temporis n.	die Zeit
tenere, -eo, -ui	halten
timere, -eo, -ui	(sich) fürchten
tradere, trado, tradidi	übergeben, überliefern
trahere, traho, traxi	ziehen
urbs, urbis f.	die Stadt
uxor, uxoris f.	die Ehefrau
velle, volo, volui	wollen
venire, venio, veni	kommen
verbum	das Wort
vester, -tra, -trum	euer
videre, -eo, vidi	sehen
vir, viri m.	der Mann
vivere, vivo, vixi	leben
vox, vocis f.	die Stimme

AcI	Abkürzung für „Accusativus cum Infinitivo", eine typische Konstruktion im Lateinischen
Ablativ	5. Fall; gibt es im Deutschen nicht; bei der Übersetzung wird eine Präposition ergänzt.
Besitzer-Dativ	Im Verbindung mit **esse** steht eine Person, der etwas gehört („der etwas ist") im Dativ, z. B. **mihi est** … – *mir gehört, ich habe* …
Deklination(en) (die D., **deklinieren**)	In einer Deklination sind Substantive zu einer Gruppe zusammengefasst, die alle die gleichen Endungen (Signalteile) verwenden. Es gibt z. B. die a-, die o- und die Konsonantische Deklination. Deklinieren bedeutet: von einem Nomen alle Formen (Kasus, Numerus) bilden.
Endung	Als Endungen werden hier die verschiedenen Signalteile für Kasus, Numerus und Genus am Ende von Nomen bezeichnet.
femininum (Abk.: f.) (Pl. Feminina)	das Genus (Geschlecht) „weiblich"; z. B. im Deutschen: *die Insel*, im Lateinischen: **insula**
Futur I	eine Zeit (ein Tempus), zur Angabe von Handlungen in der Zukunft
Futur II	eine Zeit (ein Tempus) zur Angabe von vollendeten Handlungen in der Zukunft
Genus (das G., Pl. die **Genera**)	„Geschlecht" eines Substantivs: maskulinum, femininum oder neutrum, z. B. im Deutschen: *die Sonne* – femininum; im Lateinischen: **donum** – neutrum
Gleichzeitigkeit gleichzeitig (Abk.: GZ)	bedeutet, dass zwei Handlungen oder Ereignisse zur gleichen Zeit stattfinden
Gliedsatz (Abk.: GS)	Nebensatz; ein Gliedsatz ist einem Hauptsatz zugeordnet und gibt eine Information dazu. Er wird durch eine Subjunktion eingeleitet, an der man die Sinnrichtung erkennt, z. B.: temporal (**dum, cum**), kausal (**quod**), konzessiv (**quamquam**)
Hauptsatz (Abk.: HS)	selbstständiger Satz, kann mit Gliedsätzen ein Satzgefüge bilden: Aussage-, Frage- und Befehlssätze sind Hauptsätze.
Imperativ	Verbform. Befehlsform, z. B. im Deutschen: *Höre! Seht!*; im Lateinischen: **audi! videte!**
Imperfekt	eine Zeit (ein Tempus) zur Angabe von Handlungen in der Vergangenheit (z. B. *ich sah, er ging, sie hörten*)
Infinitiv	die Grundform des Verbs, z. B. **tacere** – schweigen.
Infinitiv-Zeichen	Im Lateinischen sind Infinitive am Zeichen **-re** erkennbar.
Interrogativ-Pronomen	„Frage-Fürwort", z. B.: *Wer? Wem?*
Kasus (der K., Pl. die **Kasus**)	der Fall (Pl.: die Fälle): Nominativ, Genitiv, Dativ, Akkusativ, Ablativ, Vokativ
KNG-Kongruenz (die K., **kongruieren**)	„Übereinstimmung" in Kasus, Numerus und Genus, z. B. bei Adjektiven, die zu Substantiven gehören: **multi homines**.
Konjugation(en) (die K., **konjugieren**)	In einer Konjugation sind Verben zu einer Gruppe zusammengefasst, die die verschiedenen Formen alle in derselben Weise bilden. Es gibt die a-, e-, i-, Konsonantische und Kurzvokalische i-Konjugation. Konjugieren bedeutet, alle Personen in Singular und Plural eines Verbs in einem bestimmten Tempus zu bilden.
Konjunktion	Wortart. „Bindewort", verbindet Gleichartiges, z. B. und, oder.
Konstruktion	Im Lateinischen gibt es einige für das Lateinische typische „Satzbauelemente"; die eine eigene Informationseinheit darstellen. Im Lateinischen ist diese Information anders „zusammengebaut", als es im Deutschen üblich ist. Daher muss man Konstruktionen erkennen, um sie übersetzen zu können. Eine Konstruktion ist z. B. der AcI.
maskulinum (Abk.: m., (Pl. **Maskulina**)	das Genus (Geschlecht) „männlich". z. B. im Deutschen: *der Hund*; im Lateinischen: **canis**
neutrum (Abk.: n., (Pl. **Neutra**)	das Genus (Geschlecht) „sächlich". z. B. im Deutschen: *das Zeichen*, im Lateinischen: **signum**

Perfekt	eine Zeit (Tempus) zur Angabe von Handlungen der Vergangenheit, z. B. *ich bin gegangen, sie hat gelesen*
Perfektstamm	Bestandteil von Verbformen. Mit dem Perfektstamm werden die Zeiten Perfekt, Plusquamperfekt und Futur II gebildet. Den Perfektstamm eines Verbs erhält man, wenn man von der 1. Pers. Perfekt das Person-Zeichen abtrennt (z. B. **amavi**: **amav-** ist der Perfektstamm von **amare**; **fui**: **fu-** ist der Perfektstamm von **esse**).
Person, Person-Zeichen	Angabe, wer die Handlung ausführt. Es gibt die erste, zweite und dritte Person im Singular und Plural: *ich, du, er/sie/es; wir, ihr, sie.* Im Deutschen wird die Person durch ein Personalpronomen angegeben, im Lateinischen erkennt man die Person am Person-Zeichen am Ende der Verbform (z. B. **video** – *ich sehe*). Die Person-Zeichen sind: **o/m, s, t, mus, tis, nt**; im Perfekt lauten: **i, isti, it, imus, istis, erunt**.
Plusquamperfekt	eine Zeit (ein Tempus) der Vergangenheit (z. B. *sie war gewesen, du hattest gehört*)
Prädikatsinfinitiv	der Infinitiv beim AcI, aus dem in der Übersetzung das Prädikat im „dass-Satz" wird
Präsens	eine Zeit (ein Tempus) zur Beschreibung von Handlungen in der Gegenwart (z. B. *ich sitze, er hört, sie laufen*)
Präsensstamm	Bestandteil von Verbformen. Mit dem Präsensstamm werden die Zeiten Präsens, Imperfekt und Futur I gebildet. Den Präsensstamm eines Verbs erhält man, wenn man vom Infinitiv **-re** (bei der kons. Konj. **-ere**) abtrennt (z. B. **lauda-** = Präsensstamm von **laudare**, **duc-** = Präsensstamm von **ducere**).
Präteritum	Bezeichnung in der deutschen Grammatik; entspricht dem lat. Imperfekt
Personal-Pronomen	„Stellvertreterwort" für ein Substantiv oder Namen, z. B. für „die Königin" – *sie*; für „der Königin" – *ihr*
Possessiv-Pronomen	„besitzanzeigende" Fürwörter, z. B. *mein, dein, euer*
Reflexiv-Pronomen	„rückbezügliche" Fürwörter, d. h. sie beziehen sich auf das Subjekt desselben Satzes. (z. B. *sie fragte sich*)
Relativ-Pronomen, Relativsatz	*der, die, das; welcher, welche, welches*, lat. **qui, quae, quod**. Leitet den Relativsatz ein und hat ein Bezugswort im übergeordneten Satz. Mit diesem Bezugswort stimmt es in Numerus und Genus überein. Der Relativsatz gibt eine nähere Bestimmung zu diesem Bezugswort. Er ist als Satzglied ein Attribut (Attributsatz).
Satzgefüge	Ein Satzgefüge besteht aus wenigstens einem Hauptsatz und einem Gliedsatz.
Sprechvokal	Bei einigen Verbformen ist für eine „leichtere" Aussprache ein zusätzlicher Vokal eingefügt (z. B **audi*u*nt**).
Stamm	Bei Verbformen unterscheiden wir Präsens- und Perfektstamm. Der Stamm stellt den „Bedeutungsteil" eines Wortes dar. (z. B. **laudare: lauda** = loben **+re** = **laudare** (Infinitiv Präsens)
Stammformen	Infinitiv, 1. Pers. Sg. Präsens, 1. Pers. Sg. Perfekt sind die Stammformen, z. B. **dicere, dico, dixi**
Subjektsakkusativ	Der Akkusativ beim AcI, aus dem in der Übersetzung das Subjekt im„dass-Satz" wird.
Subjunktion	unterordnende Konjunktion; leitet einen Gliedsatz ein, z. B. wenn, als, weil
Tempus (das T., (Pl. die **Tempora**), Tempus-Zeichen	„Zeit". Prädikate stehen in verschiedenen Tempora. Daran wird deutlich, ob eine Handlung schon geschehen ist, gerade geschieht oder erst später geschehen wird. Es gibt z. B. Präsens, Imperfekt, Futur I, Perfekt, Plusquamperfekt, Futur II. Das Tempus-Zeichen ist der Signalteil bei einer Verbform, an dem man das Tempus erkennen kann (z. B. **lege<u>bat</u>: ba** → Imperfekt)
Vokativ	6. Fall. „Anredefall". Entspricht außer bei Wörtern auf **-us** und **-ius** dem Nominativ.
Vorzeitigkeit (Abk.: VZ), vorzeitig	bedeutet, dass eine Handlung oder ein Ereignis im Verhältnis zu einer anderen Handlung schon vergangen und abgeschlossen ist.

Hier lernst du im Bereich	Verben	Substantive
erkennen	**Personen:** 1 V1 ▪ 2 V1 ▪ 3 V2 ▪ 5 V3 ▪ 5 V4 ▪ 12 V3 ▪ 17 V4 **Tempora** – Übersicht: 11 V4 ▪ 12 V3 ▪ 13 V4 ▪ 17 V4 ▪ 20 V3 Präsens 5 V4 ▪ 10 V2 ▪ 11 V2 Imperfekt 10 V1 ▪ 10 V2 Perfekt 11 V1 ▪ 11 V2 ▪ 10 V2 Plusquamperfekt 13 V1 Futur I 17 V1 Futur II 19 V1 **Imperativ:** 6 V1 **Infinitiv:** 14 V1 ▪ 16 V1 **unregelmäßige Verben:** ire 18 V1 posse 20 V5 esse 5 V4 ▪ 10 V3 ▪ 11 V3 Komposita 20 V4 velle, nolle 19 V4	**Genus:** 1 N2 ▪ 12 N1 ▪ 12 N2 **Kasus:** Nominativ 1 N1 ▪ 2 N1 ▪ 4 N2 Genitiv 4 N3 Dativ 5 N1 Akkusativ 3 N2 ▪ 4 N2 ▪ 14 N2 Ablativ 7 N1 Vokativ 2 N3 **Numerus:** 2 N1 ▪ 3 N2 ▪ 4 N2 ▪ 4 N3 ▪ 5 N1 ▪ 7 N1 **Übersicht:** 7 N4 ▪ 8 N2 ▪ 9 N4
zuordnen	**Konjugationen:** a-Konj. 3 V1 e-Konj. 3 V1 ▪ 5 V1 i-Konj. 3 V1 Kons. Konj. 5 V1 kurzvokal. i-Konj. 20 V1 alle Konjugationen 5 V2 ▪ 20 V2	**Deklinationen:** a-Dekl. 3 N1 ▪ 4 N1 ▪ 9 N2 ▪ 12 N2 o-Dekl. 3 N1 ▪ 4 N1 ▪ 9 N2 ▪ 12 N2 Kons.Dekl. 4 N1 ▪ 9 N2 ▪ 12 N2 **Übersicht:** 7 N4 ▪ 8 N2 ▪ 12 N2
bilden	**Personen:** 1 V2 ▪ 2 V2 ▪ 3 V3 **Tempora:** Präsens 3 V3 ▪ 10 V3 Imperfekt 10 V3 Perfekt 11 V3 ▪ 12 V2 Plusquamperfekt 13 V2 Futur I 17 V2 Futur II 19 V2 Imperativ 6 V1 Infinitiv 16 V1 **unregelmäßige Verben:** ire 18 V1 posse 20 V5 esse 5 V4 ▪ 10 V3 ▪ 11 V3 velle, nolle 19 V4	**Kasus:** Nominativ 2 N2 Genitiv 4 N5 Dativ 5 N2 Akkusativ 3 N3 Ablativ 7 N2 **Numerus:** 3 N3 ▪ 4 N6 ▪ 5 N2 ▪ 7 N2 **Deklinationen:** a-Dekl. 2 N2 ▪ 3 N3 ▪ 4 N6 ▪ 5 N2 ▪ 7 N2 ▪ 7 N4 o-Dekl. 2 N2 ▪ 3 N3 ▪ 4 N6 ▪ 5 N2 ▪ 7 N2 ▪ 7 N4 ▪ 9 N1 Kons.Dekl. 4 N5 ▪ 4 N6 ▪ 5 N2 ▪ 7 N2 ▪ 7 N4 ▪ 12 N1
übersetzen	**Personen:** 5 V3 **Tempora:** Präsens 1 V2 ▪ 2 V1 ▪ 5 V3 Imperfekt 10 V4 Perfekt 11 V5 Plusquamperfekt 13 V3 Futur I 17 V3 Futur II 19 V3	**Funktionen von Kasus:** Vokativ 2 N3 Akkusativ (in+Akk.) 7 N5 Ablativ 7 N3 ▪ 7 N5 ▪ 8 N1 Dativ („Besitzer-Dativ“) 19 N2

Hier lernst du im Bereich	Adjektive	Pronomen
	als Wortart unterscheiden 6 N1 Kongruenz mit Substantiven erkennen und bilden 6 N2 ▪ 6 N3 ▪ 9 N3 ▪ 15 N2 der a/o-Dekl. erkennen 6 N1 ▪ 6 N2 ▪ 6 N3 ▪ 9 N3 ▪ 15 N1 der kons. Dekl. erkennen 15 N1	Personal-Pronomen erkennen und übersetzen 13 N1 Possessiv-Pronomen erkennen, bilden und übersetzen 15 N3 ▪ 16 N2 Reflexiv-Pronomen erkennen 15 N4 is/ea/id 18 N1 – als Demonstrativ-Pronomen 18 N1 – als Personal-Pronomen 16 N1 ▪ 18 N1 – als Possessiv-Pronomen 16 N2 ▪ 18 N1 Relativ-Pronomen 18 N2 ▪ 18 S1 Interrogativ-Pronomen 17 N1

Hier lernst du im Bereich	Zahlwörter	Syntax
	Zahlwörter erkennen 19 N1	Satzglieder (Subjekt, Prädikat, Objekt, Adverbiale; Attribut) benennen 1 S1 ▪ 8 S1 AcI erkennen und übersetzen 14 S1 ▪ 15 S1 ▪ 16 S1

Hier lernst du im Bereich	Übersetzungsstrategien
	Besonderheiten des Lateinischen erkennen I Ü1 ▪ I Ü2 ▪ I Ü3 ▪ I Ü4 Strategie anwenden – bei einzelnen Sätzen (SÜS) I Ü5 ▪ II Ü6 ▪ II Ü7 – bei Satzgefügen (GÜS) III Ü9 ▪ III Ü10 – bei Texten (TÜS) II Ü8 – bei Konstruktionen (KÜS) AcI IV Ü11 AcI mit Pronomen IV Ü12